로열패밀리,
그들이 사는 세상

로열패밀리,
그들이 사는 세상

초판 1쇄 인쇄 · 2025년 2월 14일
초판 1쇄 발행 · 2025년 2월 21일

지은이 · 김장수
펴낸이 · 한봉숙
펴낸곳 · 푸른사상사

주간 · 맹문재 | 편집 · 지순이 | 교정 · 김수란, 노현정 | 마케팅 · 한정규
등록 · 1999년 7월 8일 제2-2876호
주소 · 경기도 파주시 회동길 337-16 푸른사상사
전화 · 031) 955-9111(2) | 팩스 · 031) 955-9114
이메일 · prun21c@hanmail.net
홈페이지 · http://www.prun21c.com

ⓒ 김장수, 2025

ISBN 979-11-308-2222-8　03920
값 23,000원

로열패밀리,
그들이 사는 세상

김장수 지음

푸른사상
PRUNSASANG

1871년 1월 18일 베르사유 궁전에서 독일 제국이 탄생하기 이전 독일권에서 주도권을 행사한 국가는 프로이센과 오스트리아였다. 프로이센은 호엔촐레른 가문이, 오스트리아는 합스부르크 가문이 다스렸다. 이 두 가문이 1918년 역사의 뒤안길로 사라질 때까지 그들의 역사를 살펴보면 매우 흥미롭다.

호엔촐레른과 합스부르크, 이 두 가문 사이에는 공통점도 있고 차이점도 있다. 우선 눈에 띄는 공통점은 후계자, 즉 아들을 얻기 위해 쓸 수 있는 모든 방법을 동원한다는 것이다. 물론 이 두 가문만 그랬던 건 아니다. 한 가지 예를 들어보면, 독일제국 탄생에 혁혁한 공을 세운 비스마르크는 1848년 8월 21일 장녀 마리에가 태어나자 장인에게 그 기쁜 소식을 전하면서, 아들이었다면 신께 무릎을 꿇어 감사했을 것이라는 사족을 붙였다. 호엔촐레른과 합스부르크 가문의 아들 집착이 심각했던 것은, 남자 상속인 없이 사망하면 왕위 계승에서 심각한 문제가 발생할 수도 있기 때문이다.

후계자를 얻으려는 과정에서 빈번하게 이루어진 근친혼도 부작용을 야기했다. 대다수 합스부르크 가문 위정자에게서 얼굴 기형, 말단 비대

증, 선천적 매독 증세 등이 확인되고 수명도 짧았다. 후계자에게 근친혼으로 인한 유전병이 있어도, 합스부르크 가문은 장자상속제도를 무조건 고집했다. 1835년 오스트리아 황제로 등극한 페르디난트 2세가 그 대표적인 일례라 하겠다. 호엔촐레른 가문에서도 근친혼이 잦았지만, 얼굴 기형 같은 유전병은 확인되지 않았다.

두 가문의 또 다른 전통은, 현 집권자와 후계자 사이의 관계가 원만하지 않았다는 것이다. 부자 사이의 불화는 당시 다른 나라에서도 흔히 볼 수 있는 보편적 추세였다. 통치자가 아들을 후계자가 아닌 권력 경쟁자로 간주했기 때문이다. 아버지가 자식들, 특히 장남의 결혼에 간섭하면서 국가의 위상을 높이고 이익을 가져다줄 인물을 선택하는 것은 두 가문에서 불문율이었다. 후계자의 반발은 무시되기 십상이었고, 반발 자체를 차단하기 위해 집권자는 강력한 왕권을 휘둘렀다.

폐쇄된 두 가문에서 확인되는 또 하나의 흥미로운 특징은 동성애적 성향이 의외로 많이 드러난다는 것이다. 합스부르크 가문에서는 마리아 테레지아의 맏며느리 이사벨라가 남편 요제프보다 그 누이동생 마리아 크리스티네에게 애정을 품었고, 프로이센에서는 프리드리히 2세가 대표적이다.

두 가문 사람들의 탄생과 사망에서도 흥미로운 전통이 확인된다. 우선 호엔촐레른 가문에는 왕실의 출산 과정을 고위 관료들이 지켜보게 하는 전통이 있었다. 합스부르크 가문은 생을 마감한 왕과 왕비를 매장하기 전에 시신을 분리하는 전통에 집착했다.

이 책에서는 프로이센과 오스트리아의 정치외교적 활동보다는 양국을 통치한 호엔촐레른 가문과 합스부르크 가문에서 확인되는 흥미로운 특징이나 전통을 특정 사례를 통해 확인하도록 한다.

인명과 지명 등 고유명사는 해당 국가의 발음과 표기에 따랐다. 다만 영어식 표기로 굳어져 있는 나라(예 : '외스터라이히' 대신 '오스트리아')나 지역명은 그대로 사용했다. 그리고 원어는 본문의 가독성을 위해 필요한 부분에 1회만 함께 적었다.

어려운 여건에도 이 책의 출간을 기꺼이 허락하신 푸른사상사 한봉숙 대표님과 출판사 관계자 여러분께 이 자리를 빌려 감사의 말씀을 드린다.

2025년 2월 입춘에
김장수

차례

유럽을 양분한 최고의 가문.
그 흥망성쇠의 역사

독일권에서 주도적 역할을 한 호엔촐레른 가문과 합스부르크 가문의 태동과 성장, 몰락에 이르는 과정을 개괄적으로 살펴보면 두 가문의 공통점과 차이점이 보인다. 지방의 소영주에서 출범한 두 가문은 주변 세력과의 대립에서 승리하거나 당시의 국제 상황을 효율적으로 활용하면서 세력을 확대해 나갔다. 그리하여 강대국의 반열까지 올랐지만, 전대미문의 대전쟁인 제1차 세계대전 이후 그들 모두 역사의 뒤안길로 사라졌다.

1

프로이센의 호엔촐레른 가문

슈바벤 지방의 소영주였던 호엔촐레른(Hohenzollern) 가문은 1192년 프랑켄 지방으로 거주지를 옮겨 그로부터 200년 동안 뉘른베르크 성주라 불렸다. 그 지위는 명목상의 것이었을 뿐 통치권을 행사하진 못했으나 주변의 작은 지방인 안스바흐와 바이로이트의 지배권은 확보해놓았다. 1398년 신성로마제국 황제 벤체슬라우스(Wenceslaus, 1376~1400)는 뉘른베르크 제6대 성주 프리드리히 6세(Friedrich VI)의 요청을 받아들여 안스바흐 변경백과 바이로이트 변경백의 설치를 허가했다. 당시 뉘른베르크는 신성로마제국 내 자유도시로 제국의회가 열리던 요지 중의 하나였다.

프리드리히 6세는 룩셈부르크 가문 출신 지기스문트(1410~1438)의 조언자이자 비공식 외교관으로 활동하며 호엔촐레른 가문의 위상을 크게 높였다. 1411년에는 지기스문트가 신성로마제국 황제로 선출되는 과정에 큰 도움을 준 대가로 브란덴부르크 변경백이라는 칭호를 하사받았고, 그때부터 프리드리히 1세라고 불리게 되었다. 이후 프리드리히 1세는 브란덴부르크 변경백령에 중앙집권 체제를 구축했고, 1415년

최초의 프로이센 대공 알브레히트 1세

에 개최된 콘스탄츠 종교회의에서 선제후 지위를 인정받았다. 아울러 브란덴부르크 변경백 작위를 후손에게 넘겨줄 수 있는 권리도 받아냈다.

같은 해 11월 베를린에서 개최된 지방의회에서 브란덴부르크 변경백령의 토착 제후들이 프리드리히 1세에게 충성을 맹세함에 따라 호엔촐레른 가문의 위상은 확고해졌다. 이로써 프리드리히 1세는 베를린을 비롯한 북독일 일부 지방의 통치권을 완전히 장악하게 되었다. 1440년 그가 사망한 후 동생인 프리드리히 2세와 그의 후계자들은 브란덴부르크 변경백으로 활동하면서 호엔촐레른 가문의 통치 영역을 꾸준히 늘려나갔다.

1525년에 이르러, 독일기사단국가 총단장 겸 브란덴부르크-안스바흐 변경백이었던 알브레히트(Albrecht)가 동프로이센 영지와 대공 작위를 받는다. 외숙부이자 폴란드 국왕인 지그문트 1세(Zygmunt I, 1506~1548)에 의해 프로이센 대공에 봉해진 알브레히트는 알브레히트 1세로 불리게 되었고, 동프로이센은 프로이센 대공국으로 명칭이 바뀌었다.

알브레히트 1세의 뒤를 이은 알브레히트 프리드리히(Albrecht Friedrich) 대공이 1618년 두 딸만 남긴 채 사망하자 큰사위인 지기스문트(Johann Sigismund)가 프로이센 대공국을 상속받았다. 대공 지위는 프로이센 대공국, 즉 동프로이센 밖에서는 사용할 수 없었다. 신성로마제국 내에서는 그냥 브란덴부르크 변경백이었다. 지기스문트 이후의 브란덴부르크 선제후는 자동으로 프로이센 대공도 겸했지만, 프로이센 대공국은 폴란드 왕국의 봉토로서 1656년까지 폴란드 국왕이 주권을 행사했다.

1640년 12월, 프리드리히 빌헬름(1640~1688)은 20세의 젊은 나이로 브란덴부르크 선제후 겸 프로이센 대공으로 등극한다. 당시 브란덴부르크–프로이센의 상황은 매우 좋지 않았다. 30년전쟁(1618~1648)으로 인해 영토의 상당 부분, 특히 서부 지방들과 마르크(Mark)가 황폐해졌고, 많은 지역이 텅 비었기 때문이다. 또한 스웨덴이 브란덴부르크와 라인강 왼쪽 기슭의 국경도시 클레베를 점령한 것도 한 가지 원인이었다.

그럼에도 불구하고 프리드리히 빌헬름은 절대왕정 체제를 구축하기 시작했다. 그가 1646년 오라니에–나사우(Oranije–Nassau) 총독 프리드리히 하인리히(Friedrich Heinrich)의 딸인 19세의 루이제 엔리에테(Louise Henriette)와 결혼한 것이 그 출발점이었다. 루이제 엔리에테가 베를린으로 가져온 12만 라이히스탈러의 지참금과 6만 라이히스탈러 상당의 귀금속은 왕국의 재정 위기를 단번에 안정시킬 수 있는 거액이었다. 프리드리히 빌헬름은 30년전쟁이 끝난 후 마그데부르크, 민덴, 니멘, 그리고 라인 지방을 획득했다.

프리드리히 빌헬름의 뒤를 이은 프리드리히 3세는 에스파냐 왕위계승전쟁에 참전하여 오스트리아의 레오폴트 1세(Leopold I)를 적극적으로 지원했다. 그는 1701년 1월 15일 프로이센 대공국을 왕국으로 격상시켰고 스스로를 프리드리히 1세(1701~1713)라 칭했다. 그러나 프로이센 국왕 프리드리히 1세라는 칭호는 동프로이센에서만 사용할 수 있었다. 브란덴부르크에서는 여전히 선제후였다. 당시 신성로마제국의 제후들

프리드리히 2세

은 국왕 칭호를 사용할 수 없었다.

신성로마제국 영역에서는 왕관을 쓰는 게 허락되지 않았으므로 프리드리히 1세는 베를린이 아닌 동프로이센의 쾨니히스베르크에서 스스로 대관했다. 이렇게 호엔촐레른 가문은 프로이센을 왕국으로 끌어올렸고, 프리드리히 2세와 같은 걸출한 군주가 나온 것도 그 덕분일 것이다.

1740년 프로이센에서는 프리드리히 2세가, 국경을 마주한 오스트리아에서는 마리아 테레지아가 즉위했다. 마리아 테레지아의 경우 국사조칙에 따라 왕위를 계승하긴 했지만, 프리드리히 2세와는 달리 국가를 통치하는 데 필요한 지식과 경험을 제대로 갖추지는 못했다. 부왕인 카를 6세가 남자 상속자에게 집착하여 딸은 오랫동안 후계자로 간주하지 않았기 때문이다. 프리드리히 2세는 오스트리아를 노리기로 했다. 오스트리아의 슐레지엔 지방을 차지한다면 프로이센의 국력 향상에 크게 보탬이 될 거라고 믿었다. 마리아 테레지아가 즉위하자마자 오스트리아 왕위계승전쟁(1740~1763)이 발생했고, 여기에 끼어든 프리드리히 2세는 바라던 대로 슐레지엔 지방을 차지했다.

제3차 오스트리아 왕위계승전쟁(1756~1763), 일명 7년전쟁이 끝난 후부터 프리드리히 2세는 가능한 한 전쟁에 나서는 것을 피하려고 했다. 그러나 그는 정확한 정치적 안목과 뛰어난 외교적 수완으로 프로이센의 영역을 확장해나갔다. 프로이센과 오스트리아의 대립은 지속되었다. 호엔촐레른 가문의 프로이센, 그리고 합스부르크 가문의 오스트리아. 1866년 그 사이에서 벌어진 형제전쟁에서 승리한 것은 프로이센이었다.

4년 후인 1870년, 프로이센은 독일 통일을 방해하던 프랑스와의 전쟁에서도 승리했다. 그리하여 독일제국이 출범했고, 이 제국은 1918년까지 존속했다.

1914년 6월 28일 오스트리아-헝가리제국의 황태자 프란츠 페르디난트(Franz Ferdinand)가 사라예보에서 암살된 후 시작된 제1차 세계대전에 독일제국은 오스트리아-헝가리의 동맹국으로 참여했지만, 결국 패전국이 되었다.

독일 통일의 주역으로 활동한 비스마르크는 독일제국의 마지막 황제 빌헬름 2세(Wilhelm II, 1888~1918)의 통치 능력을 그다지 믿지 않았다. 실제로 비스마르크는 빌헬름 2세의 통치가 계속된다면 독일제국은 20년 내에 몰락할 거라고 비관했다. 비스마르크의 예언대로 1918년 11월 9일 베를린에서는 공화국이 선포되었고, 빌헬름 2세는 11월 28일 퇴위했다. 네덜란드 정부가 빌헬름 2세의 망명을 받아들이는 조건으로 황제의 공식 퇴위를 요구했기 때문이다.

빌헬름 2세는 퇴위성명서에서 "본인은 프로이센 국왕 및 독일제국 황제로서의 모든 권리를 포기합니다. 동시에 나는 독일제국 및 프로이센의 모든 관리뿐만 아니라 해군, 프로이센 육군과 연방 파견군의 모든 장교, 하사관, 사병들을 그들의 황제, 왕, 그리고 최고사령관인 나에게 맹세한 충성 서약을 무효화하겠습니다. 또한 나는 그들이 독일의 실질

독일제국의 마지막 황제 빌헬름 2세

적 권력 보유자들을 도와 독일제국이 재편될 때까지 무정부 상태, 기근, 외세의 압박 위험으로부터 독일 국민을 보호하기를 기대합니다"라고 말했다. 이로써 호엔촐레른 가문의 독일제국은 역사의 뒤안길로 사라지게 되었다.

이후 빌헬름 2세는 네덜란드로 망명했고, 1941년 생을 마감할 때까지 하위스 도른에서 살면서 나무를 베거나 독서와 글쓰기를 하거나 차를 마시면서 담소를 나누는 것으로 여생을 보냈다. 죽기 직전까지 그는 독일제국이 재탄생하리라는 희망을 놓지 않았지만, 그것은 끝내 실현되지 않았다.

2
오스트리아의 합스부르크 가문

프랑스 북동부에 있는 알자스 지방 남부, 즉 노르트가우를 지배하던 '부유한' 군트람(Guntram der Reiche) 백작이 합스부르크 가문의 시조라는 것에 이의를 제기하는 역사가는 없다. 군트람 백작은 950년 신성로마제국 황제 오토(962~973) 대제에 대항하여 반란을 일으켰지만 실패했다. 이후 노르트가우에 정착하여 브라이스가우(Breisgau) 백작이 된 그는 알자스 남부와 무리 근처 지역을 소유한 부자가 되었다.

합스부르크 가문의 시조 군트람 백작

그의 손자 클레트가우(Klettgau) 백작 라트보트(Radbot)가 스위스 북부 지역 아르가우에 성을 쌓으면서 그곳이 합스부르크 가문의 근거지로 부상했다. 합스부르크라는 이름은 아르가우 지역에 있는 하비히츠부르크에서 유래된 것으로, 라트보트의 손자 오토는 1090년 정식으로 합스부르크 백작 명칭을 얻었다. 이후 11~12세기에 걸쳐 합스부르크 가문은 주변 지역에 여러 성을 건설하면서 취리히가우, 슈비츠, 운터발덴, 프리크가우, 우리 등을 소유한 봉건영주 가문으로 성장했다.

합스부르크 백작 루돌프 1세(Rudolf I, 1273~1291)가 독일 왕으로 선출되고 신성로마제국 황제로 등극한 1273년은 합스부르크 가문이 도저히 잊을 수 없는 해일 것이다. 루돌프 1세는 신성로마제국의 남서부, 스위스 알프스 북부 지역을 다스리는 백작에 불과했다. 이 정도의 기반밖에 가지지 못한 그가 신성로마제국 황제로 선출된 것은 황제 선출권을 가진 선제후들이 강력한 체코 왕국의 오타카르 2세(Otakar II, 1253~1278) 대신 자신들 뜻대로 다룰 수 있을 듯한 인물을 선호했기 때문이다.

오타카르 2세는 루돌프 1세가 신성로마황제로 선출된 결과를 인정할 수 없다고 했다. 당대 및 오늘날의 많은 역사가는 이때 오타카르 2세가 스스로 신성로마제국의 황제로 등극했다면 루돌프 2세의 등장을 막을 수 있었을 거라고 말하기도 하는데, 당시 오타카르 2세의 위상은 그만큼 절대적이었다. 실제로 오타카르 2세는 루돌프 1세를 경쟁자가 아닌 '변변치 않은 백작'으로 간주했다.

루돌프 1세도 가만있지 않았다. 그는 체코 왕국이 불법으로 획득한 영토를 반환해야 한다고 주장했다. 오타카르 2세가 차지하고 있던 바이에른의 에거란트를 겨냥한 발언이었다. 루돌프 1세는 에거란트 반환을 요구했지만 오타카르 2세가 거부하여, 양국 사이의 전쟁은 피할 수 없게 되었다.

1276년 9월 19일 체코 왕국의 지배를 받던 슈타이어마르크 공국과 케르텐 공국의 귀족 대표들은 그라츠 근처 라인 수도원에 모여 루돌프 1세에게 충성 맹세를 하면서 그를 두 공국의 새로운 지배자로 인정했다. 같은 해 10월 오타카르 2세가 루돌프 1세의 연합군이 포위한 빈을 구출하기 위해 출정했지만, 체코 귀족들의 비협조로 전쟁은 루돌프 1세에게 유리하게 전개되었다. 11월 25일 빈은 오타카르 2세의 지배에서 벗어났고, 오타카르 2세는 빈에서 강화조약을 맺어 알프스의 모든 지역과 오스트리아 점령지를 루돌프 1세에 양보해야만 했다. 이제 오타카르 2세의 영토는 보헤미아와 모라비아 지방만 남게 되었고, 이후 그는 반루돌프 전선을 구축하게 된다.

실제로 빈 강화조약 이후 오타카르 2세는 재기할 기회를 모색하며 마지막 결전을 준비하고 있었다. 외부의 지원을 받아보려던 노력은 실패했지만, 루돌프 1세의 사주로 분열되어 있던 체코 귀족들의 도움을 받아 오타카르 2세는 1278년 8월 26일 빈에서 북동쪽으로 약 40킬로미터 떨어진 뒤른크루트 인근 평원, 모라프스케폴레, 오늘날의 마르히펠트에서 신성로마제국군과 헝가리 연합군과 전투를 벌였다. 여기에서도 패한 45세의 오타카르 2세는 후퇴하다가 그에게 개인적 원한을 가진 에머베르크(R. v. Emerberg)를 비롯한 몇몇 케르텐 기사들에게 살해되었다. 에머베르크와 그 수하들은 오타카르 2세의 화려한 갑옷을 벗겨 시체를 난도질하며 그를 욕보였다. 루돌프 1세는 오타카르 2세라고 칭하는 자가 나타나지 않도록 그의 시신에서 내장을 꺼내 부패를 늦추게 한 뒤, 6개월 이상 빈의 거리에 방치하여 구경거리가 되도록 했다.

이후 루돌프 1세는 슈타이어마르크, 크라인(Krain) 대공국을 몰수하

합스부르크 가문 최초의 신성로마제국 황제 루돌프 1세

여 직접 통치했다. 그리고 만 5세에 불과한 막내 공주 유타(Jutta)와 오타카르 2세의 동갑내기 아들 바츨라프(Václav)를 약혼시켜 오타카르파의 저항을 차단하려고 했다.

1283년 루돌프 1세는 오스트리아와 슈타이어마르크 대공국을 아들인 알브레히트 1세와 루돌프 2세에게 나누어주었고 백작이었던 가문의 작위를 대공으로 격상시켰다. 나중에 상호 합의에 따라 알브레히트 1세는 오스트리아와 슈타이어마르크 대공국을, 루돌프 2세는 아르가우와 알자스 북부의 옛 가문 소유지를 차지했다.

1315년 합스부르크 가문은 우리, 슈비츠, 운터발덴이 주도하던 스위스 공격동맹과의 전투에서 패배하여 스위스 쪽 영토 대부분을 잃었다. 당시 스위스인들은 합스부르크 기병을 상대로 치명적인 미늘창을 처음으로 사용했다. 미늘창에 달린 갈고리로 말에 탄 기사들을 끌어내린 다음 뾰족한 창끝으로 찌르는 게 그들의 전투 방식이었다. 미늘창은 오늘날 바티칸궁을 지키는 스위스 근위병들의 의식용 무기로 남아 있다.

어쨌든 스위스에서 패배함에 따라 합스부르크 가문의 권력 중심은

동부 알프스로 옮겨졌지만 합스부르크 가문과 그들의 옛 심장부, 스위스 내 합스부르크 가문과의 관계는 여전히 긴밀하게 유지되었다. 이것은 무엇보다도 무리 수도원과 쾨니히스펠덴 수도원과 합스부르크 가문의 지속적인 관계에서 확인되었고, 가장 최근에는 마지막 황후, 즉 카를 1세의 미망인 치타(Zita)가 1962년부터 스위스 치체르스에 있는 성 요한 수도원에서 머무른 것에서도 드러났다.

1335년 5월 2일 케르텐의 마지막 통치자 하인리히가 사망하자, 신성로마제국의 루트비히 데어 바이어(Ludwig der Bayer)는 오스트리아 대공 알브레히트 2세와 그의 형제 오토 데어 프로리에(Otto der Fröhliche)에게 케르텐을 양도했다. 1363년, 루돌프 4세 공작이 티롤 백작령을 합스부르크 가문으로 편입하는 데 성공했다. 이로써 몇 세대 만에 합스부르크 가문은 막강한 영향력을 행사하는 가문으로 급성장했다.

1356년 1월 10일 신성로마제국의 황제 카렐 4세(Karel IV, 1355~1378)는 그 유명한 '황금칙서'를 공포하여 체코 왕국과 신성로마제국과의 관계를 재조정한다. 주된 내용은 체코 왕국의 군주가 제국 내 일곱 명 선제후 중에서 성직계 대표를 제외한 세속 권력의 대표, 즉 제국 내에서 일인자의 지위(primus inter pares)를 가진다는 것이었다. 신성로마제국 황제와 제후들 사이의 정치적 타협에서 나온 일종의 성과물이었던 황금칙서에서는 마인츠 대주교, 트리어 대주교, 쾰른 대주교, 체코 국왕, 팔츠 궁중백, 작센-비텐베르크 대공, 그리고 브란덴부르크 변경백을 선제후로 명시했고, 이들 중에서 네 명 이상의 지지를 받는 인물이 독일 왕으로 선출된다고 정해두었다.

황금칙서에서 오스트리아 선제후직이 인정되지 않자 루돌프 4세(1358

~1365)는 1358년부터 다음 해에 걸쳐 문서를 조작한다. 오스트리아가 프리빌레기움 마이우스(Priviligium Maius) 지위인 에르츠헤르초크(Erzherzog), 즉 대공위를 가졌다는 내용이었다. 루돌프 4세는 위조 문서와 몇몇 진본 문서의 인증등본, 프리빌레기움 마이우스를 포함해 모두 7통의 문서를 뉘른베르크에 체류 중인 신성로마제국 황제 카렐 4세에게 제출했다.

이 위변조 문서는 오스트리아를 변경백국에서 공국으로 승격시켜준 신성로마제국 황제 프리드리히 1세(Friedrich I, 1152~1190)가 1156년 9월 17일에 발급한 프리빌레기움 미누스보다 100년 앞서 이미 오스트리아의 특수 지위가 하인리히 4세(1056~1106)에 의해 확인되었다는 내용을 담고 있었다. 바이에른 공국 점유에서 비롯된 바벤베르크(Babenberg) 가문과 벨프(Welf) 가문 사이의 분쟁을 끝내고, 바이에른에서 영구히 분리된 오스트리아를 독립 세습공국으로 인정하겠다는 이 문서는 프리드리히 1세가 직접 하인리히 2세 야조미르고트(Heinrich II Jasomirgott)에게 전달했다.

프리드리히 1세가 바벤베르크 가문의 군주에게 내린 1156년의 윤허장 제목이 '프리빌레기움 미누스', 즉 '소특권'이었기 때문에, 루돌프 4세는 이를 모방한 문서의 제목을 '프리빌레기움 마이우스', 즉 '대특권'이라고 붙였다. 변경백령을 공국으로 격상시킨 증서의 제목이 '프리빌레기움 미누스'였기 때문에, 오스트리아를 공국에서 대공국으로 변경하는 문서를 만들면서 제목도 한 단계 더 높은 '프리빌레기움 마이우스'로 치밀하게 바꾼 것이다.

변조된 '프리빌레기움 마이우스'에서 루돌프 4세는 합스부르크 가문의 세습지를 분할할 수 없다는 것과 장자 상속권을 보장했다. 루돌프 4세는 위조한 고문서에 역사적 신빙성을 더하기 위해 문서의 기원을 로마 시대로까지 소급시켰다. 카이사르가 백부에게 오스트리아 땅, 즉 노리쿰을 봉토로 하사하면서, 어떤 제후도 그의 백부보다 상위에 두지 않겠다고 약속했고, 오스트리아는 로마 제국의 모든 나라 중에서 최상위 국가이며, 제국에 내는 세금을 영원히 면제받도록 네로 황제가 교시했다는 내용도 기론되었다. 특히 카이사르 및 네로와 관련된 문서는 동시대 고문서 연구자들로부터도 의심을 받았다.

　루돌프 4세가 위조한 문서 중 가장 중요한 것은, 의전상의 특권을 규정한 문서였다. 오스트리아의 에르츠헤르츠크(Erzherzog)가 헤르츠크(Herzog)를 임명하고, 봉토 수여식은 오스트리아에서 거행되어야 하며, 황제가 세 번의 초청에도 불구하고 오스트리아에 오지 않는다면, 봉토 수여가 이행된 것으로 간주한다는 것이다. 신성로마제국 황제가 체류하는 장소, 즉 뉘른베르크에서 거행하는 봉토 수여식을 오스트리아 경우에는 오스트리아를 방문한 황제 또는 오스트리아 대공이 집전할 수 있도록 규정하여 오스트리아 대공의 위상을 황제의 그것에 필적할 수 있게 만든 것이었다. 봉토 수여식의 진행 과정도 자세히 묘사되었다. 대공은 말을 탄 채, 군왕의 복장으로 봉토를 받아야 하며, 십자가 장식이 있는 아연 왕관을 쓰고 왕홀을 들도록 했다.

　위조문서 중 루돌프 4세가 역점을 둔 부분은 오스트리아 군주가 사용할 에르츠헤르츠크의 칭호였다. 루돌프 4세가 자신과 후계자들에게 에르츠헤르츠크의 칭호 사용권을 요구한 것은, 루돌프 4세가 케르텐 공작의 자격으로 이미 제국수렵장의 직책을 맡고 있으므로, 제국 재상으로 임명되는 데 필요한 선제후의 자격을 이미 갖춘 것이나 다름없으니, 그의 지위는 선제후와 동등하다는 논리를 합리화하기 위함이었다.

Rudolfus Archidux Austrie etc.

가문의 위상을 높이기 위해 공문서까지
위조한 루돌프 4세

루돌프 4세가 보낸 서류들 중에서 카렐 4세는 특히 카이사르와 네로 황제 관련 문서에 의문을 제기했다. 그는 문서들을 당대 고문서 감정 대가였던 페트라르카(Francesco Petrarca)에게 보내 감정을 받게 했다.

1361년 페트라르카는 카렐 4세에게 루돌프 4세의 문서들이 위조라는 소견서를 제출했다. "공허하고 허황되고 진실이 없습니다. 누구인지는 모르지만 틀림없이 문필가가 아닌 자가 작성한 것입니다. 우스꽝스러울 뿐만 아니라 구역질도 납니다." 이에 따라 카렐 4세는 루돌프 4세에게 서신을 보내서 문서 원본에 위조된 황제의 옥새 사용을 금지했고, 기사 인장 사용도 불허했다.

그러다가 1453년 신성로마제국 황제 프리드리히 3세(1452~1493)가 오스트리아의 프리빌레기움 마이우스를 확인했고, 이것은 제국법에 따라 추후 인정되었다. 이렇게 합스부르크 가문은 가문의 위상을 높이기 위해 공문서까지 위조하는 무리수를 둔 것이다.

1438년 알브레히트 2세(1438~1439)가 선출된 이후 합스부르크 가문은 1806년 신성로마제국이 역사의 뒤안길로 사라질 때까지 제국의 황제를 계속 배출했다. 다만 1742년부터 1745년까지는 비텔스바흐(Wittelsbach) 가문의 카를 7세(Karl VII, 1742~1745)가 신성로마제국 황제였다. 합스부르크 가문은 결혼정책으로 부르고뉴 네덜란드, 부르고뉴 자유 백작령을 획득하고, 15세기 말에는 막시밀리안 1세(Maximilian I, 1493~1519)를 통해 에스파냐, 보헤미아, 크로아티아, 헝가리 왕관까지 차지했다. 1526년에는 보헤미아 왕관과 함께 일곱 명의 선제후 중 가장 높은 시위의 세속 구성원 투표권도 차지했다.

신성로마제국 황제 카를 5세(1520~1556)의 후계자들에 의해 합스부르크 가문은 에스파냐계와 오스트리아계로 분리되었다. 1700년 카를로스 2세(Carlos II, 1665~1700)를 마지막으로 에스파냐계 합스부르크 가문이 소멸한 후 발발한 에스파냐 왕위계승전쟁에서 오스트리아계 합스부르크 가문은 에스파냐 왕위를 계승하지 못했지만, 이탈리아와 네덜란드에 있던 에스파냐 속국의 대다수를 차지했다. 1740년 카를 6세(재위 1711~1740)가 아들 없이 사망함에 따라 오스트리아계 합스부르크 가문도 단절되었다. 카를 6세가 제정한 국사조칙에 따라 카를 6세의 장녀인 마리아 테레지아(Maria Theresia, 재위 1740~1780)가 오스트리아 왕위를 계승했다.

마리아 테레지아가 로트링겐(Lothringen) 대공국의 프란츠 슈테판(Franz Sephan)과 결혼함으로써 합스부르크 가문은 합스부르크-로트링겐 가문으로 바뀌게 되었다. 이 가문은 1765년 프란츠 1세(1745~1765)가 서거한 후 신성로마제국이 제국이 멸망할 때까지 황제를 배출했다.

1804년 8월 11일 프란츠 2세(1792~1806)는 같은 해 나폴레옹이 프랑스 황제로 등극함에 따라 그와 동급이 되기 위해 오스트리아 왕국을 제국으로 승격시켰고 스스로를 프란츠 1세(1804~1835)라 칭했지만, 황제 대관식은 열리지 않았다. 그러나 프란츠 1세, 페르디난트 1세(1835~1848), 프란츠-요제프 1세(1848~1916), 그리고 카를 1세(1916~1918)는 헝가리 수도인 부다페스트에서 헝가리 국왕으로 등극하는 대관식을 거행했고 그 자리에서 헝가리 헌법을 준수하겠다고 약속했다.

제1차 세계대전에서 패전국이 된 오스트리아-헝가리제국의 마지막 황제 카를 1세는 1918년 11월 11일 향후 국정에 관여하지 않겠다고 선언했고 그로부터 이틀 후 헝가리에서도 같은 약속을 했다. 카를 1세는 독일제국의 빌헬름 2세와는 달리 공식적으로 퇴위하지 않았기 때문에 여섯 살 된 아들 오토 황태자에 대해서는 별다른 언급이 없었다.

1918년 10월 31일 헝가리가 오스트리아-헝가리 이원 체제에서 이탈한다는 성명을 발표하며 독립국가가 되었다. 카를 1세는 오스트리아에서 억류되는 것을 피하려고 가족들과 함께 1919년 3월 초 스위스로 이주했다. 제헌국민의회는 1919년 4월 3일 첫 번째 법안인 합스부르크법을 발의, 제정했다. 카를 1세가 스위스 망명 직전 마지막 국경도시 펠트키르히에서 성명서를 발표하여 1918년 11월 11일 서명한 제국 포기 약속을 번복했기 때문이다. 합스부르크법은 카를 1세와 그 방계 가문의 구성원 모두가 합스부르크-로트링겐 구성원 자격을 공식적으로 포기하지 않고 '공화국의 충성스러운 시민'이라는 것을 선언하지 않는 한 오스트리아에서 영원히 추방한다고 명시되어 있다.

이 법에 따라 합스부르크 가문의 재산은 몰수되었다. 카를 1세가 마지막으로 체류했던 니더외스터라이히의 에카르차우성도 합스부르크법에 따라 국유재산으로 귀속되었다. 이로써 1273년 합스부르크 가문의 루돌프 백작이 아헨에서 신성로마제국의 황제로 선출된 지 646년 만에 중부 유럽을 지배하던 오스트리아 제국은 역사의 뒤안길로 사라지게 되었다.

아들을 낳아야 한다

호엔촐레른 가문과 합스부르크 가문은 남자 후계자를 얻기 위해 수단과 방법을 가리지 않았고, 근친결혼도 마다하지 않았다. 군주가 남자 상속인 없이 사망한다면, 왕위 계승과 왕국 존속에 심각한 문제점이 발생할 수 있기 때문이다. 특히 합스부르크 가문은 왕위 계승에서 남자 후계자가 없는 문제에 직면하는 경우가 많았고 그것을 타개하기 위해 당시 운용되던 살리카법을 포기하는 무리수까지 두었다. 여자 후계자를 인정하지 않는 살리카법 대신에 여자도 왕위를 계승할 수 있다는 '상호계승약관'(1703)과 직계 장녀의 계승만을 허용한 '국사조칙'(1713)이 제정되었다. 이렇게 후계자 문제를 해결하기 위해 합스부르크 가문이 마련한 자구책들에 호엔촐레른 가문은 별로 관심을 보이지 않았다. 호엔촐레른 가문에는 군주가 아들 없이 사망한 경우가 별로 없었던 것이다.

1

세 번 결혼한 레오폴트 1세와 상호계승약관

오스트리아의 레오폴트 1세(1658~1705)는 세 번 결혼했으며, 초혼과 재혼은 모두 근친결혼이었다. 그는 우울한 눈빛과 돌출된 아랫입술 등 외모에서 합스부르크 가문의 전통적 특징을 보였다. 6세기 이상 이어진 가문의 전통, 즉 근친결혼의 부정적 부산물은 흔히 주걱턱으로 대표된다. 그는 1640년 오스트리아 국왕이자 신성로마제국 황제인 페르디난트 3세(Ferdinand III, 1637~1657)와 첫 번째 부인인 마리아 안나(Maria Anna) 사이에서 태어났다. 처음에는 파사우 주교가 되기 위한 교육을 받았지만, 형인 페르디난트 4세(1657~1658)가 1658년 천연두로 사망함에 따라 같은 해 7월 18일 오스트리아 국왕이자 신성로마제국의 황제로 등극했다.

레오폴트 1세는 독일어, 라틴어, 이탈리아어, 프랑스어, 에스파냐어를 자유롭게 구사할 수 있었고 역사, 문학, 과학에서도 해박한 지식을 갖추었다. 점성술과 연금술에도 관심이 있었다. 그는 1666년 12월 마르가리타 테레사(Margarita Teresa von Spanien) 공주와 결혼했다. 그녀는 레오폴트 1세의 누이인 마리아 안나와 에스파냐 국왕 펠리페 4세(Felipe IV, 1621~

1665) 사이에서 태어난 장녀이니, 레오폴트에게는 조카딸이기도 했다.

마르가리타 테레사 공주는 일찌감치 외삼촌인 레오폴트 1세와 혼인하기로 정해져 있었다. 에스파냐 궁정 화가인 벨라스케스(Diego Rodríguez de Silva Velázquez)는 공주의 성장 과정을 초상화로 그려 정혼자인 레오폴트 1세에게 정기적으로 보냈다. 초상화는 공주의 성장을 보여주기 위한 것이지만, 정혼자에게 받은 선물을 확인시키기 위한 목적도 있었다. 예를 들면 아홉 살의 공주를 그린 〈푸른 드레스를 입은 마르가리타 공주〉는 오른손에 레오폴트 1세가 선물로 보낸 모피를 들고 있다. 초상화를 살펴보면 어린 공주의 표정에는 어딘지 모르게 우울한 그림자가 드리워 있는데, 어쩌면 위턱과 아래턱 사이가 맞지 않는 부정교합으로 음식을 제대로 씹을 수 없었기 때문인지도 모른다.

레오폴트 1세와 마르가리타 테레사 공주의 결혼식은 1666년 빈에서 거행되었다. 그들 사이에서는 네 명의 아이가 태어났으나 그중 셋은 사산되거나 태어나자마자 죽었다. 공주 역시 1673년 스물한 살의 젊은 나이에 세상을 떠났다. 이렇게 빨리 세상을 떠난 황후를 위해 레오폴트 1세는 레퀴엠을 작곡하는 성의를 보였다.

마르가리타 테레사가 사망하자 왕은 다시 6촌 여동생인 클라우디아 펠레치타스(Claudia Felicitas von Tirol)와 재혼하지만, 그녀 역시 스물두 살의 젊은 나이로 생을 마감했다.

초혼에서 얻은 네 자녀 중에서 유일하게 성년으로 성장한 장녀 마리아 안토니아(Maria Antonia)는 바이에른 선제후 막시밀리안 2세(Maximilian II)와 결혼했고, 재혼에서 얻은 두 명의 자녀는 출생 직후 모두 사망했다.

왕자를 얻지 못한 레오폴트 1세는 세 번째 결혼을 위해 다산의 경험

벨라스케스, 〈푸른 드레스를 입은 마르가리타 공주〉(1659)

이 풍부한 가문을 찾은 끝에 팔츠 선제후 필립 빌헬름의 16명의 자녀 중 장녀인 엘레오노레 마그달레나(Eleonore Magdalena von Pfalz–Neuburg)와 결혼했다. 팔츠 선제후 가문은 유럽에서 다산 가문으로 소문이 났기 때문에 유럽의 모든 왕실은 이 가문의 딸을 며느리로 얻으려 했다. 세 번째 황후 엘레오노레 마그달레나는 후일 신성로마제국의 황제가 된 두 명의 아들, 즉 요제프 1세(Joseph I, 재위 1705~1711)와 카를 6세를 낳았다. 원래 합스부르크 가문은 요제프라는 이름을 거의 쓰지 않았지만, 워낙 신앙심이 강한 레오폴트 1세인지라 장남을 예수에게 바치겠다고 서원하며 이름을 그렇게 지었다.

후계자의 중요성을 파악한 레오폴트 1세는 에스파냐 왕위계승전쟁의 초반이었던 1703년 '상호계승약관'을 제정하여 왕위 계승 문제를 해결하려고 했다. 유럽 대다수 국가는 살리카법에 따라 여성의 왕위 계승을 불허하고 있었다. 프랑크왕국의 법률이었던 살리카법은 '남성 후계자가 없더라도 여성이 왕위를 계승할 수는 없다'고 규정하고 있었다. 왕의 딸들뿐만 아니라 그 후손들도 왕위를 계승할 수 없다는 것이 당시의 법률이었다.

반면 상호계승약관은 에스파냐계와 오스트리아계 가문이 번갈아 오스트리아 왕위를 계승하며 남녀를 막론하고 장자 상속 원칙에 따라 상속 순위를 결정한다는 것이었다. 이는 살리카법을 더는 인정하지 않겠다는 발상에서 나온 것이다.

1705년 5월 5일 레오폴트 1세가 사망한 후 장남 요제프 1세가 오스트리아 국왕으로 즉위했다. 그런데 그는 6년 만인 1711년 4월 17일 천연두에 걸려 급작스레 목숨을 잃었다. 그에게는 아들이 없었고 아직 성년이 되지 못한 두 딸만 있을 뿐이었다. 1699년에 태어난 마리아 요제파(Maria Josepha)와 1701년에 태어난 마리아 아말리아(Maria Amalia)였다. 1700년 태어났던 아들 레오폴트 요제프는 1년 만에 사망했다.

요제프 1세는 레오폴트 요제프를 잃은 후 다시 아들을 얻기 위해 노력했지만, 문란한 성생활로 인해 1704년에 매독에 걸렸고 부인 빌헬미네 아말리에 폰 브라운슈바이크-뤼네부르크마저 아랫배에 궤양이 생겨 출산을 기대할 수 없는 상황이었다.

요제프 1세가 아들 없이 사망함에 따라 동생 카를이 '상호계승약관'에 따라 오스트리아 왕이 되었다. 즉위한 직후부터 카를 6세는 후계자에 관심이 많았다. 에스파냐-합스부르크 가문의 카를로스 2세(1665~1700)가 아들 없이 죽은 탓에 에스파냐 왕위계승전쟁이 비롯되었음을 그는 잘 알고 있었기 때문이다.

네 살의 어린 나이에 등극한 카를로스 2세는 근친결혼의 부작용으로 질병 수준의 주걱턱을 가지고 있었다. 입을 제대로 다물 수 없었을 뿐만 아니라 침을 많이 흘리고 음식도 잘 씹지 못했다. 뒤에서 살펴보겠지만 합스부르크 가문의 군주가 사망하면 시신 분리 매장을 한다. 이는 오스트리아계 합스부르크 가문에 국한된 전통 관례이다. 그러나 당시로서는 이례적으로 카를로스 2세의 시신을 부검해보니, 심장은 일반인보다 70% 정도 작고, 창자를 비롯한 장기는 부패한 상태였으며, 신장에는 세 개의 담석이 있었다.

카를 6세는 자신이 아들 없이 죽는다면, 에스파냐에서와 같은 위기 상황이 오스트리아에서도 발생할 수 있다고 생각했다. 그러한 상황이 초래되지 않게끔 노력해야 했다. 상호계승약관에 따르면, 당시 합스부르크 가문에는 왕위를 계승할 수 있는 여자들이 많았다. 레오폴트 1세의 미망인 엘레오노레 마그달레나 폰 팔츠-노이부르크(62세), 요제프 1세의 미망인 빌헬미네 아말리에 폰 브라운슈바이크-뤼네부르크(40세), 카를 6세의 누이동생들인 마리아 엘리자베트(33세), 마리아 안나(31세), 마

카를 6세

리아 마그달레나(24세), 요제프 1세의 나이 어린 두 딸 마리아 요제파(14세), 마리아 아말리아(12세), 그리고 스물두 살의 부인까지 모두 여덟 명의 여성들이 왕위 계승권을 가지고 있었다. 카를 6세는 이들의 서열부터 먼저 정리해야만 했다.

실제로 카를 6세가 후계자 없이 사망한다면, 장자 출생 원칙에 따라 요제프 1세의 두 딸과 결혼한 작센 가문과 바이에른 가문의 후손이 후계자가 된다. 그러나 카를 6세는 다른 가문에 합스부르크 가문의 왕위

계승권을 넘겨줄 생각이 전혀 없었다. 자신이 남자 상속인 없이 타계한다면, 왕위를 계승할 사람은 반드시 그의 장녀여야 한다고 생각했다. 이에 그는 가족 간의 협약인 상호계승약관을 자신의 관점에 따라 수정하려고 했다. 즉 남자 후계자가 없어도 그의 가문이 계속하여 오스트리아 왕위를 계승할 수 있다는 내용으로 바꾸려 한 것이다. 그러려면 법적으로 규제된 일은 아니지만, 왕국 내 귀족들과 타협하여 동의를 얻어내야 했다.

1712년 크로아티아-슬라보니아의 귀족들은 카를 6세가 상속법을 개정하려 한다는 소식을 들었다. 이들은 만일 여성이 오버외스터라이히(Oberösterreich), 니더외스터라이히(Niederösterreich), 이너외스터라이히(Innerösterreich)를 통치한다면, 그들 역시 여자 후계자를 인정하겠다고 제안했다. 이러한 결정은 향후 있을 수 있는 오스만튀르크 침입을 크로아티아-슬라보니아 단독으로는 방어할 수 없다는 현실적 판단에서 비롯된 것 같다. 또한 이들은 카를 6세에게 우호적 태세를 보이면 헝가리 왕국과 동군연합하에 있던 크로아티아-슬라보니아가 더 많은 자치권을 확보할 수 있을 거라고 예견하고 있었다. 동군연합은 독자적 주권을 보유한 두 개의 개별 왕국이 한 명의 군주를 모시는 정치 형태이다.

크로아티아-슬라보니아 귀족들의 결정에 기세가 오른 카를 6세는 헝가리 귀족들과 협상을 시작했다. 헝가리 귀족들은 면세특권과 미래 여왕의 결혼 문제에 헝가리 의회가 개입할 수 있는 권한을 요구했다. 그러나 카를 6세는 그 요구를 받아들이지 않았다.

2

여성 상속순위까지 확정한 국사조칙

에스파냐 왕위계승전쟁이 막바지에 이른 1713년 4월 19일 오전 10시, 카를 6세는 빈에 체류 중인 고위 관료들을 황궁으로 불러들였다. 사보엔(Eugen v. Savoyen) 대공, 슈바르첸베르크(Ferdinand Schwarzenberg) 대공 등도 모인 자리에서 카를 6세는 1703년에 발표된 상호계승약관의 문제점들을 지적했다. 상호계승약관을 오스트리아 왕위 계승에 적용하면 왕국이 분열될 것이고 오스트리아의 국제적 위상까지 실추될 수 있다고 역설했다. 왕의 지시에 따라 재상인 자일레른(Johann Friedrich v. Seilern)이 '국사조칙(Pragmatische Sanktion, Sanctio pragmatica)'을 낭독했다.

자일레른은 10년 전인 1703년 상호계승약관을 작성할 때에도 참여한 적이 있다. 상호계승약관은 에스파냐–합스부르크 가문과 오스트리아–합스부르크 가문 중 종가인 오스트리아–합스부르크 가문의 남계에 절대적인 우선권을 부여하고 있었다. 레오폴트 1세 사후 오스트리아–합스부르크 가문을 이끌어갈 두 가문 중에서 한 가문의 남계가 소멸하면 계승권은 상대방 가문으로 넘어가도록 규정한 상호계승약관의 조항

국사조칙

은 장녀가 계승권을 가지는 에스파냐-합스부르크 가문의 상속 순서에 어긋나는 것이었다. 상호계승약관에 따르면 카를은 에스파냐-합스부르크 영지인 에스파냐 왕국을 상속받을 수 있었고, 요제프가 후사 없이 사망하면 오스트리아 왕위도 승계할 수 있었다. 카를 6세의 이러한 행위는 왕위 계승에 대한 상호계승약관을 국법(Staatsgrundgesetz)으로 대체한 것이라 하겠다.

장남에게 주어진 우선 상속권이 장남의 가계로, 장남의 가계가 단절되면 차남과 차남의 가계로 이양되는 것에 대해 상호계승약관과 국사조칙은 견해를 달리하지 않았다. 두 가지 법률 모두 모든 남계가 단절된 후에야 비로소 여성 상속권이 효력을 가진다고 했다. 여기서 상호계승약관은 남계가 단절된 후 여성의 상속순위를 구체적으로 정하지 않았지만, 국사조칙에는 마지막 남성 왕위계승자의 후손에게 계승권이 귀속된다는 조항이 있었다.

카를 6세는 남자 후계자가 없을 경우를 대비하여 국사조칙을 발표했지만, 이를 통해 왕국의 통합을 굳건히 하려는 의도도 있었다. 그런데 카를 6세는 국사조칙을 바로 공포하지 않고 당분간 비밀로 남겨두었다. 이는 아들이 태어나기를 기다렸기 때문이다. 카를 6세는 당시 유럽의 군주들과 마찬가지로 전쟁이 일어나면 자신의 후계자가 군대를 이끌고 전선에 나서야 한다고 생각했지만, 국사조칙으로 그의 장녀가 오스트리아 왕위를 계승하면 그런 일이 불가능할 것이었다. 따라서 그는 결혼하고부터 가능한 한 빨리 아들을 얻기 위해 노력했고 주치의들이 여기에 동원했다.

주치의들은 알코올에 희망을 걸고 황후에게 포도주와 브랜디를 처방했다. 효과가 없자 그 양을 점차 늘려갔다. 황후 엘리자베트 크리스티네(Elisabeth Christine)는 얼굴이 술꾼들처럼 붉어지는 것도 감수하며 처방받은 대로 성실하게 술을 마셨다.

엘리자베트 크리스티네는 루트비히 루돌프 폰 브라운슈바이크(Ludwig Rudolf v. Braunschweig) 대공의 장녀로 태어나 1708년 4월 23일 빈의 파르 교회(Pfarrkirche)에서 카를 6세, 당시의 카를 대공과 결혼했다. 결혼에 앞서 레오폴트 1세는 예수회 신부 퇴네만(Toenemann)을 특별사절로 파견하여 엘리자베트 크리스티네의 신체검사를 강행했다. 퇴네만 신부는 황제의 주치의 한 명과 함께 가서 어린 공녀를 자세히 검사했다. 신체검사를 한 것은 물론 후계자를 얻을 수 있는지를 확인하기 위해서였다. 임신 가능성이 있는지 사전 검사하는 것은 당시 유럽 왕실의 일반적 관

카를 6세의 황후
엘리자베트 크리스티네

례로 처녀의 심리를 전혀 고려하지 않은 행위였다. 물론 엘리자베트 크
리스티네는 무엇 때문에 자신이 수치스러운 신체검사를 받아야 하는
지, 빈의 황실이 그녀로부터 무엇을 기대하고 있는지를 잘 알고 있었
다. 주치의와 예수회 신부는 검사 결과에 크게 만족했고 이를 레오폴트
1세에게 알렸다.

이후 카를 대공의 형이었던 요제프 1세가 동생을 대신하여 신랑 역
할을 맡은 결혼식이 진행되었기 때문에 신랑과 신부는 서로 대면하지
않은 채 부부가 되었다. 몇 달 후 8월 1일 카를 대공은 바르셀로나에서

금발에 푸른 눈을 가진 아름다운 신부를 정식으로 만나게 되었고 두 사람은 서로를 깊이 사랑했다. 그녀의 미모는 1716년 빈에 체류 중이던 영국의 여류 작가 몬터큐(Mary Worley Montagu)의 증언에 따르면 "이 세상에서 제일 아름다운 여인인 것 같다"고 한다.

결혼한 직후부터 엘리자베트 크리스티네는 후계자를 낳아야 한다는 압박감에 시달렸다. 그녀가 부모에게 보낸 서신에서도 이를 확인할 수 있다. 편지에서 그녀는 자신의 의무가 무엇인지를 잘 알기 때문에 그 의무를 이행하기 위해 최선의 노력을 기울이고 있다고 했다. 그러나 황실은 아들을 낳지 못한 황후에게 가혹했다. 황실은 임신하지 못한 황후들이 병에 걸리면 치료하는 대신 증상을 악화시키는 약을 처방하여 천천히 죽음으로 몰아가곤 했다. 그들은 주변 사람들도 눈치채지 못할 만큼 세심한 주의를 기울였다. 당사자였던 황후들 대부분 그들이 처벌받고 있다는 사실을 알아채기도 했지만 대외적으로 발설하지는 못했다. 아마도 입밖에 낼 경우 친정 가문이 위험해질 수도 있기 때문일 것이다.

카를 6세가 결혼한 지 8년, 그리고 에스파냐를 떠난 지 5년 만인 1716년 4월 13일 기다리던 아들 레오폴트 요한(Leopold Johann)이 태어났지만, 아기는 불과 7개월 만인 1716년 11월 4일에 죽었다. 레오폴트 요한이 죽기 전에 다시 임신한 엘리자베트 크리스티네는 1717년 5월 13일, 왕자 출생을 고대하던 황실의 기대와는 달리 공주를 낳았다. 빈의 슈테판스키르헤(Stephanskirche)의 큰 종이 공주의 탄생을 알렸고, 아기는 마리아 테레지아 발부르가 아말리아 크리스티네(Maria Theresia Walburga Amalia Christine)라는 이름으로 세례를 받았다.

다음 해인 1718년에 마리아 안나, 1724년 마리아 아말리아가 연이어 태어났다(마리아 아말리아는 1730년 사망했다). 관례에 따르면 왕자가 태어나면 3일 동안 궁정에서 대연회가 열리지만, 공주의 탄생 연회는 하루 동안의 대연회와 이틀간의 소연회로 축소되었다. 합스부르크 가문은 신의 선택을 받았다는 의식을 가졌기 때문에 마리아 테레지아의 영세의식 또한 종교예식을 넘어 화려하게 거행되었다.

세 명의 딸을 얻은 후 카를 6세는 황후가 더는 임신할 수 없다는 것을 알고 제정해둔 국사조칙을 공식 발표했다. 국사조칙은 오스트리아의 모든 지방의회와 헝가리 및 보헤미아 의회에 제출되어, 1720년과 1725년 사이에 승인받음으로써 오스트리아 왕국의 공식 헌법으로 자리 잡게 되었다. 카를 6세는 국사조칙을 유럽 열강으로부터 승인받기 위해 적극 노력하면서도 아들에 대한 미련을 완전히 포기하지 않았다. 아들을 얻을 방법을 모색하던 그는 두 번째 부인을 얻는 방법밖에 없다고 생각했다. 그러나 이것은 황후 엘리자베트 크리스티네가 죽어야만 가능한 방안이었다.

그때까지 엘리자베트 크리스티네는 건강이 나쁜 상태였음에도 임신을 위한 처방에 따라 향미로 색소를 첨가한 술과 영양분이 지나치게 많은 음식을 먹어야 했다. 그녀는 몸집이 불어났고 얼굴은 볼품없이 불어갔다. 점차 그녀는 제대로 걸을 수 없을 만큼 비만해졌다. 카를 6세의 주변 인물들은 황제가 비만한 황후가 빨리 죽기를 바라는 것 같다는 말을 하기도 했다.

1715년 초부터 빈 황실에서는 엘리자베트 크리스티네의 죽음이 임박했고 카를 6세가 새로운 부인을 얻으려 한다는 소문도 돌기 시작했다. 요제프 1세의 장녀인 마리아 요제파, 로트링겐 대공국의 장녀 엘리자베트 테레제(Elisabeth Therese), 그리고 엘리자베트 테레제의 여동생인 안나 샤를로테(Anna Charlotte) 등이 황후 후보로 거론되었다(이들은 마리아 테레지아의 미래 남편 프란츠 슈테판의 누이이다). 카를 6세가 죽기 일주일 전에는 모데나(Modena) 대공의 딸도 후보로 떠올랐다.

이러한 움직임과는 별도로 카를 6세는 다른 대안도 마련하고 있었다. 1736년 2월 12일 마리아 테레지아와 프란츠 슈테판(Franz Stephan)의 약혼식이 끝난 직후 이들을 비공개로 불러 향후 자신이 아들을 낳거나 마리아 테레지아의 여동생에게서 아들이 태어나면 마리아 테레지아가 오스트리아의 왕위 계승권을 포기한다는 서약서를 받아낸 것이다.

카를 6세는 국사조칙을 제정하여 장녀에게 왕위를 물려주려고 했지만, 여자가 왕위를 계승할 때 발생할 수 있는 문제점을 알고 있었다. 따라서 그는 재혼으로 아들을 얻으려 했고 그 과정에서 걸림돌이 되는 황후 문제를 황실이 해결해줄 거라 기대했다. 후계자를 얻는 과정에서 도덕성은 전혀 고려의 대상이 아니었던 것이다.

후계자 문제를 해결하기 위해 합스부르크 가문이 자구책으로 제시한 상호계승약관이나 국사조칙에 호엔촐레른 가문은 별로 관심을 보이지 않았다. 그들에게는 지금까지 아들 없이 사망한 군주가 없었기 때문일 것이다. 또한 호엔촐레른 가문에서는 합스부르크 가문에서처럼 근친결혼의 부정적 부산물인 유전적 결함을 지닌 후손이 태어나지도 않았다. 따라서 호엔촐레른 가문은 살리카 법을 폐기하려고 하지도 않았다.

혈육인가 정적인가

합스부르크 가문과 호엔촐레른 가문의 흥미로운 공통점 중 하나는 현 집권자와 후계자 사이의 관계가 원만하지 않고 불화가 일어나기도 한다는 것이다. 물론 부자 사이 또는 모자 사이의 불화는 두 가문만의 일이 아니라 당시 다른 국가에서도 일반적으로 볼 수 있는 일이다. 대부분의 왕은 아들을 후계자가 아닌 권력 경쟁자로 보곤 했기 때문이다. 그리고 국가의 위상을 높이고 국익에 도움이 되는 인물을 선택하기 위해 후계자의 결혼, 특히 장남의 결혼에 간섭하는 것도 거의 불문율이었다. 후계자가 아무리 반발해도 무시되고, 강력한 왕권으로 찍어누르는 경우도 허다하다. 현재 세력과 미래 세력 사이의 불화와 충돌은 합스부르크 가문보다는 군국주의적 색채가 강한 호엔촐레른 가문에서 많이 보인다. 여기서는 두 가문의 대표적 사례를 통해 통치자와 후계자 사이의 불화를 다루면서 부자간의 불화와 모자간의 불화의 미세한 차이점, 그것을 극복해낸 사례에 대해서도 알아보기로 한다.

1

탈출하는 왕자들

프리드리히 빌헬름과 프리드리히

브란덴부르크-프로이센의 후계자였던 카를 에밀(Karl Emil)은 1674년 12월 7일 사망했다. 엘리트 교육을 받은 데다 명석하기까지 했던 장남이 죽자, 프리드리히 빌헬름(Friedrich Wilhelm v. Brandenburg)은 차남 프리드리히(Friedrich)를 후계자로 정했다.

브란덴부르크-프로이센에 장자상속제도가 확립된 것은 알브레히트 3세(Albrecht III) 때 일이다. 알브레히트는 뉘른베르크 쪽 영지는 다른 아들들에게 분배했지만, 브란덴부르크 선제후 영지는 장자에게만 물려주었다. 아마 브란덴부르크-프로이센의 영지가 더 쪼개지는 것을 막기 위해서였던 것 같다. 1486년 알브레히트 3세가 죽은 후 장남 요한(Johann)이 브란덴부르크 선제후령 전체를 상속받았고, 나머지 두 아들 프리드리히와 지그문트는 각각 안스바흐(Ansbach)와 쿨름바흐(Kulmbach) 지역을 중심으로 하는 땅을 물려받아 브란덴부르크-안스바흐와 브란덴부르크-쿨름바흐 분가를 형성하게 되었다.

장자상속제도 때문에 본래는 후계자 자리에서 멀었던 프리드리히

열여섯 살에 가출을 감행했던 프리드리히 빌헬름

는 형이 죽은 이후 갑자기 후계자가 되자, 자기 신부를 스스로 선택할
수 있는 권리를 찾아서 국외로 탈출했다. 사실 그는 프로이센에서 탈출
한 첫 번째 왕세자는 아니었다. 그의 아버지 프리드리히 빌헬름 역시 열
여섯 살 때 네덜란드로 탈출해서 좋아하는 여인과 결혼이 허락될 때까
지 돌아하지 않겠다고 고집을 부린 적이 있다. 선제후 게오르크 빌헬름
(Georg Wilhelm)과 그가 신임하는 신하 슈바르첸베르크(Adam Schwarzenberg) 백
작의 계획은 프리드리히 빌헬름을 합스부르크 가문의 공주와 결혼시
키는 것이었다. 게다가 프리드리히 빌헬름은 슈바르첸베르크가 자신
을 암살하려 한다는 의심까지 하고 있었다. 아들이 네덜란드로 탈출하

자 게오르크 빌헬름은 결국 합스부르크 가문과의 혼담을 포기했다. 프리드리히 빌헬름은 1638년 쾨니히스베르크로 돌아왔지만, 손상된 부자 관계는 결국 회복되지 않았다.

프리드리히 빌헬름의 후계자 프리드리히는 1687년 두 번째로 베를린을 탈출했는데, 이번엔 계모 도로테아(Dorothea v. Holstein-Sonderburg-Glücksburg)의 음모에서 벗어나기 위해서였다. 프리드리히는 도로테아가 자기 아들에게 선제후 자리를 물려주기 위해 음모를 꾸미며 그의 친동생 루트비히(Ludwig)를 독살했으며, 그다음 희생자는 바로 자신이 될 것이라고 믿었다. 처음에는 단순한 의심으로 시작했지만 본격적인 피해망상으로 확대되었다. 사실 루트비히의 실제 사인은 성홍열이었다. 이 무렵 프리드리히는 잦은 위통으로 고생했는데, 혹시 먹었을지 모를 독약이 퍼지는 것을 막기 위해 수상쩍은 가루약과 물약을 과다 복용했기 때문이다. 갖가지 소문과 그 반대 소문으로 궁정이 들끓을 때 프리드리히는 처가인 하노버로 도피하여 '동생의 독살이 명백히 드러났기 때문에 베를린은 안전하지 못하다'라고 말하면서 돌아가기를 거부했다.

프리드리히 빌헬름은 격노했고, 프리드리히의 선제후 승계권을 박탈한다는 칙령까지 발표했다. 오스트리아의 레오폴트 1세와 영국의 윌리엄 3세(William III, 1689~1702)의 중재로 부자가 가까스로 화해한 것은 프리드리히 빌헬름이 죽기 불과 수개월 전이었다. 따라서 선제후 후계자인 프리드리히가 정상적으로 국사에 관여한다는 것은 거의 불가능했다.

게오르크 빌헬름도 아들을 완전히 이방인으로 취급하며 국사에 참여시키지 않았다. 프리드리히 빌헬름이 후계자를 위해 남긴 정치적 유언에는 '선친이 자신을 그렇게 쌀쌀히 대하지 않았다면 집권 초기에 그토

프로이센 대공 프리드리히 3세이자 프로이센 국왕 프리드리히 1세

록 힘들지는 않았을 것'이라는 말도 들어 있다.

프리드리히 빌헬름이 서거하고 프리드리히 3세로 즉위한 프리드리히는 신성로마제국 황제 레오폴트 1세의 도움을 받아 부친의 유서를 파기했다. 그 유서에는 프리드리히 빌헬름이 아들들에게 통치권을 나눠준다는 것이 명시되어 있었다. 이후 프리드리히 3세는 자신이 유일한 권력 계승자임을 밝히고 이복형제들에게는 통치권 대신 왕족 연금을 지급하기로 했다.

1701년 1월 15일 프리드리히 3세는 프로이센 대공국을 왕국으로 승격시켰고 자신을 프리드리히 1세(재위 1701~1713)라 자칭했다. 하지만 앞에서도 말했듯, 프로이센 국왕이라는 칭호는 동프로이센에서만 사용할 수 있었고, 브란덴부르크에서는 국왕 대신 선제후라 불렸다. 신성로마제국 영역에서는 대관식이 불허되었기에 프리드리히 1세는 베를린이 아닌 동프로이센의 쾨니히스베르크에서 스스로 왕관을 썼다.

프리드리히 1세와는 달리 그의 아들 프리드리히 빌헬름(할아버지와 이름이 같다)은 국외 탈출을 시도하지는 않았지만, 선조들과 마찬가지로 아버지에게 공격적이고 저항적이었다. 왕세자는 교육을 담당한 가정교사에게도 반항했고, 문법과 라틴어 수업이라면 질색을 했다. 어머니 조피 샤를로테(Sophie Charlotte v. Hannover)가 주도하던 섬세한 궁중문화에도 전혀 관심이 없어서 어머니의 심기를 불편하게 했다.

장남인 프리드리히 아우구스트(Friedrich August)가 사망한 후 2년 만에 얻은 아들이었기에 조피 샤를로테는 프리드리히 빌헬름에게 더욱 깊은 애착을 가지고 있었다. 하노버 가문의 대공녀인 그녀는 라이프니츠 (Gottfried Wilhelm v. Leibnitz)를 비롯한 계몽사상가들과 교류하고 있었고 지적인 면에서 남편 프리드리히 1세보다 훨씬 우수했다.

라이프니츠는 1676년부터 약 40년간 하노버 궁정에서 고문관과 사서로 일했고 여기서 그는 팔츠의 엘리자베트의 자매이자 아우구스트 공작 부인인 조피, 그의 딸이자 프리드리히 1세의 왕비가 된 샤를로테와도 깊은 우정을 맺은 것이다. 특히 샤를로테와의 대화는 라이프니츠의 저서인『변신론 : 신의 선 인간의 자유, 악의 기원에 관하여(Essais de Theodi-

cee : sur la bonte de Dieu, la liberte de l'homme et l'origine du mal)』을 집필하는 토대가 되기도 했다. 실제로 조피 샤를로테는 프리드리히 빌헬름의 지적 수준을 높여보려고 계몽사상가들의 만남을 권했지만, 왕세자는 군사 훈련과 사냥을 더 좋아했다. 이런 취향은 호엔촐레른 가문 왕세자들의 공격적이고 반항적인 태도와도 연관이 있을 것이다.

2

사상 최악의 부자지간

프리드리히 빌헬름 1세와 프리드리히

폭군의 셋째 아들

1707년 프리드리히 빌헬름은 영국 국왕 조지 1세(George I)의 딸이자 그의 사촌 누이인 조피 도로테아와 결혼했다. 통치 가문 간의 근친결혼은 당시 유럽에서 흔히 볼 수 있는 일이었다. 근친결혼으로 인해 왕실의 후손들에게는 '정신적 불안정'이라는 유전병과 심장 발작이 일어나곤 했는데, 영국의 조지 3세(1760~1820), 프로이센의 프리드리히 빌헬름 4세(1840~1861), 바이에른의 루트비히 2세와 그의 동생 오토가 대표적인 예라 하겠다.

영국 스튜어트(Stuart) 가문의 제임스 1세(James I, 1603~1625)의 딸 엘리자베스(Elisabeth)가 1613년 팔츠 선제후 프리드리히(Friedrich)와 결혼하면서 유전병이 외가인 하노버 가문에까지 퍼져나간 것을 프리드리히 빌헬름은 매우 걱정했다. 자신 역시 그 유전병에서 벗어날 수 없음을 깨달은 그는 가능한 한 많은 아들들을 가져야 한다고 생각했고(프리드리히 빌헬름

프리드리히 빌헬름 1세의 아들들.
프로이센 국왕 프리드리히 2세(1712~1786)
아우구스트 빌헬름(1722~1758)
하인리히(1726~1802)
아우구스트 페르디난트(1730~1813)

1세는 1707년, 1718년, 1734년, 그리고 1740년 모두 4차례에 걸쳐 심장발작을 일으켰다. 특히 1740년에 발생한 심장발작은 프리드리히 빌헬름 1세의 생을 마감하는 요인으로 작용했다.) 실제로 일곱 명의 아들과 일곱 명의 딸을 낳았다.

조피 도로테아와 프리드리히 빌헬름 사이에서 태어난 아들들 중 1707년에 태어난 장남 프리드리히 루트비히는 1년 만에 사망했다. 프리드리히 빌헬름은 장남의 세례식에서 아기에게 굳이 왕관을 씌워줘야 한다면서 주변 사람들이 말리는 것을 뿌리치고 강제로 아들의 머리에 왕관을 꾹 눌러 끼우다가 머리에 상처를 냈고, 그로 인한 감염증으로 아이가 목숨을 잃은 것이다.

장녀 빌헬미네에 이어, 1710년에 차남 프리드리히 빌헬름이 태어나자 이번엔 갓난아기 시절부터 강하게 키워야 한다며 군대 사열식에 데려갔다. 미래의 군주는 어릴 적부터 대포 소리에 익숙해져야 한다고 주장하면서 갓난아이 옆에서 대포를 쏜 결과 어린 왕자는 경기를 일으켰고 끝내 사망했다.

이렇게 본인 실수로 첫째와 둘째 아들을 잃고도 프리드리히 빌헬름은 전혀 반성하지 않았다. 그 후 1712년 1월 24일 태어난 3남 프리드리히는 태어나면서부터 프로이센 왕국의 후계자로 간주되었다.

프리드리히가 태어난 후 프리드리히 빌헬름은 프리드리히가 왕위 계승을 못 할 경우를 대비해 추가로 아들을 더 낳기를 원했다. 바라던 대로 1722년 건강한 프리드리히 빌헬름, 1726년 하인리히(Heinrich), 1730년 아우구스트 페르디난트(August Ferdinand)가 태어났다.

프리드리히 빌헬름은 왕실의 직계 장손으로 태어나 왕위를 계승할 권한을 가진 프리드리히가 국가를 효율적으로 통치하기 위해서는 능력이 뛰어나야 한다고 생각했다. 그리하여 그는 프리드리히가 군사, 행정, 재정 부분에서 충분한 지식과 경험을 갖추어야만 왕위를 넘겨주겠다고 마음먹었다.

종교적 박해를 피해 프랑스로부터 프로이센으로 이주한 위그노 교도 루쿨르(Marthe de Roucoulle)가 프리드리히의 어린 시절에 큰 영향을 끼쳤다. 프리드리히 빌헬름 1세의 명에 따라 프리드리히는 매우 세세하게 짜여진 하루 일과표에 따라 생활해야 했다. 오전 5시 전에 일어나 기도문을 읽고, 7분 안에 아침 식사를 끝내고 손을 깨끗이 씻어야 했다. 그리고 부친을 알현한 후 궁 밖에서 말을 타야 했다.

루쿨르는 조피 도로테아 왕비와 마찬가지로 프리드리히 빌헬름 1세의 경직된 교육방식에 부정적이었기 때문에 왕실의 자녀들에게 프랑스어 외에도, 음악 및 문화 등에 관심을 가지게끔 유도했다. 루쿨르의 왕세자 교육은 1716년에 끝났고, 장당(Jacques Égide Duhan de Jandun)이 프리드리히의 교육을 전담하게 되었는데, 그래도 루쿨르의 가정교사 역할은 1719년까지 지속되었다.

1716년, 프리드리히가 네 살 때부터 장당이 교육을 시작했다. 프리드리히가 여섯 살이 되자 프리드리히 빌헬름 1세는 그를 왕세자 사관생도대에 속한 중대(130명으로 구성)에 배속시키고 지휘권을 부여했다. 이후 프리드리히는 막사에서 대부분의 시간을 보내며 어려서부터 부친의 강요로 사격 연습도 해야 했다.

1721년 프리드리히 빌헬름 1세는 프리드리히의 일과표를 새로 작성했다. 자신이 왕세자였던 1695년에 받던 교육과정을 토대로 전보다 더욱 빼곡하게 짠 일과표였다. 왕세자의 교육에서 라틴어와 고고학 수업은 배제되었고, 전담 교사 장당에게는 독일 역사, 정치경제학, 군사전략, 수학, 독일어, 프랑스어만을 가르치라는 명령이 하달되었다.

하지만 장당은 명령을 어기고 문학과 라틴어도 수시로 가르쳤다. 그는 프랑스 역사, 특히 루이 14세(1643~1715) 시기를 집중적으로 가르쳤고 이것은 후에 프리드리히가 계몽 절대왕정 체제를 정립하는 데 적지 않은 도움을 주었다. 또한 장당은 왕세자를 위해 비밀 도서관을 마련해주기까지 했다. 장당이 왕세자에게 비밀리에 라틴어를 가르치고 있다는 소식을 듣자 프리드리히 빌헬름 1세는 스승과 제자를 불러 채찍으로 때렸고 발길질하고 따귀를 때리고, 심지어 머리채를 잡아 흔들기까지 했다.

장당이 마련해준 비밀 도서관은 베를린 왕궁의 바로 건너편 암브로지우스 하우데(Ambrosius Haude) 서점의 숨겨진 책장이었다. 그곳에는 정확히 3,775권의 장서가 있었고 대부분은 프랑스에서 들여온 책이었다. 프리드리히는 이 비밀 도서관에서 많은 책을 읽었다. 그는 정치서적뿐만 아니라 이탈리아와 프랑스 작가들이 쓴 계몽주의 문학작품들도 선호했다. 여기서 프리드리히는 지식이 고정불변하는 게 아니고, 주관적 성향의 지식이 객관적 성향의 지식으로 움직인다는 것을 깨달았다. 즉 일단 알려진 것, 즉 주관적 앎이 점차 객관화되면서 지식의 형태로 자리 잡는다는 것을 배우게 된 것이다.

이때부터 시작된 프리드리히 2세의 왕성한 독서는 평생 지속되었다. 말년에 접어들어 눈이 나빠져서 책을 제대로 읽지 못하게 되자 사람을 시켜 책을 낭독하게 했다. 그는 주로 신간을 찾아 읽었고, 자신에게 아주 중요한 책들은 반복하여 정독했다. 세네카의 『페드라(Phaedra)』와 라신의『브리타니쿠스(Britannicus)』등과 같은 비극 작품은 어찌나 여러 번 읽었는지 모든 구절을 줄줄 외웠다.

이렇게 왕성한 독서열을 채우기 위해 프리드리히는 책을 사는 데 적지 않은 돈을 썼기 때문에 개인적으로 쓸 돈이 거의 없었다. 심지어 1727년 겨울에는 베를린의 한 금융업자로부터 700탈러를 빌리기까지 했다. 이 사실은 바로 프리드리히 빌헬름 1세에게 알려졌지만, 그는 별다른 반응을 보이지 않았다.

극단으로 치닫는 아버지와 아들

1724년부터 프리드리히 빌헬름 1세는 왕세자를 의심하기 시작했다. 왕은 군사훈련이나 사냥을 좋아했지만 왕세자는 부정적이었고, 왕세자 주변 인물들이 그러한 취향을 부채질했다는 것이었다. 당시 프리드리히 빌헬름 1세는 전쟁에서 적국 병사를 죽이는 것 다음으로 사냥한 동물들을 모아 전시하는 것을 좋아했다. 1717년부터 1724년까지 베를린과 포츠담의 산림을 헤매면서 그가 사냥한 꿩은 무려 25,066마리나 되었다. 장녀 빌헬미네의 회고록에 따르면 프리드리히 빌헬름 1세는 프로이센의 왕위를 내려놓고 사냥을 하면서 1년에 1만 탈러의 연금을 받는 대농장주로 살고 싶다는 속내를 수차례 밝히곤 했다고 한다.

프리드리히 빌헬름 1세는 프리드리히가 자신을 교양 없고 무식한 군주라고 비방하고 있음을 잘 알고 있었다. 실제로 프리드리히 빌헬름 1세의 생활 방식은 교양과는 거리가 멀었고 학문적 능력도 신통치 않았다. 물론 프리드리히 빌헬름 1세는 프리드리히와 마찬가지로 어려서부터 프랑스어를 배웠다. 그러나 그는 라틴 문학 및 독일어 문법에 별로 관심이 없었고 독일어 철자법에도 자신이 없었다. 그가 1722년 2월 17일에 쓴 문서를 보면 이전 페이지에서 포츠담이라 쓴 것을 다음 페이지에서 보츠담이라고 잘못 쓰기도 했다.

또한 프리드리히는 키가 작고 뚱뚱한 부친의 외모에 대해서도 부정적이었다. 프리드리히 빌헬름 1세는 키 1미터 50센티미터에 체중은 무려 125킬로그램이 넘었다. 그가 말을 타려면 네 명의 건장한 왕실 근위병이 달라붙어야 했다. 실제로 프리드리히는 부친이 말을 타는 모습을 보곤 종종 엷은 미소를 지었는데, 이것은 일종의 비아냥이었다.

프리드리히 빌헬름 1세는 프리드리히가 자기 뜻대로 행동하지 않으면 가차 없이 구타했다. 때로는 발길질을 했고, 때로는 손바닥으로 따귀를 때렸다. 점차 빈도가 늘어났다. 프리드리히는 성장하면서 점점 부친의 요구에 강하게 반발했고, 이에 대한 프리드리히 빌헬름 1세의 반응 역시 더욱 극단적으로 강화되었다.

프리드리히 빌헬름 1세는, 아들은 자신에게 무조건 복종해야 한다고 생각했다. 그는 아들을 폭행한 뒤에는 "만약 내 아버지가 나한테 이렇게 했다면 난 아마 자살했을 거다"라고 비아냥거렸다. 아무리 학대를 받더라도 프리드리히라면 자살하지는 않을 거라고 확신했기 때문에 그런 말을 한 것 같다. 프리드리히 빌헬름 1세는 자기 성격이 나쁘다는 것도 인정하고 있었다. 자기 입으로 자신이 못된 사람이라고 한 적도 있고, 부드러운 사람으로 하루를 보내면 그다음 날은 반드시 다시 성격 나쁜 사람으로 돌변한다고 했다. 고쳐야 하는 것도 알고 있지만 고칠 수 없다고

도 했다.

여러 해 동안 베를린 주재 영국대사를 지냈던 스트래퍼드 백작(Earl of Strafford)이 프로이센 국왕 부자를 비교 평가한 바에 따르면, 프리드리히 1세는 착하고 상냥하고 고상하고 자비로웠지만, 프리드리히 빌헬름 1세는 잔인할 정도로 무뚝뚝하고 엄청나게 의심이 많으며 극심한 우울증에서 비롯된 분노를 마구 터뜨렸고 공격적이었다.

프리드리히 빌헬름 1세는 머리는 좋았지만 모국어인 독일어 읽기 쓰기를 어려워했다. 그에게는 아마 난독증이 있었던 듯하다. 그는 눈에 띄는 효용성이 없는 문화나 지식 분야에 대해서는 매우 회의적이었다. 정부 문서의 여백에 쓴 메모를 보면 귀에 거슬리는 모욕적인 언사도 종종 남발했다.

탈출 계획 그리고 실패

1728년 2월 프리드리히는 부친과 함께 드레스덴의 카니발 축제에 참여했다. 원래 프리드리히 빌헬름 1세는 아들을 데려가지 않으려고 했으나, 작센 선제후 프리드리히 아우구스트 1세의 제의에 따라 동행하게 되었다.

이 도시에서 프리드리히는 세 가지 첫 경험을 하게 된다. 첫 번째는 드레스덴 궁정극장에서 요한 아돌프 하세(Johann Adolf Hasse)의 오페라 〈클레오피데(Cleofide)〉를 본 것이다. 이것은 그의 첫 번째 오페라 관람이었다. 두 번째로, 플루티스트 요한 요하임 크반츠(Johann Joachim Quantz)의 연주를 들은 것이다. 그는 크게 감동했다. 세 번째는, 작센 선제후가 데려간 방에서 거의 옷을 걸치지 않은 젊은 여인이 안락의자에 앉아 있는 것을 본 것이다. 이때 이후 그는 이성에 대한 관심이 커졌다. 그가 본 여인은 작센 선제후의 서녀인 안나 카롤리나 오르젤스카(Anna Carolina Orzelska)였다. 프리드리히는 오르젤스카에게 깊은 연민의 정을 느꼈다.

오르젤스카는 1707년 11월 프리드리히 아우구스트 1세와 리옹(Lyon)의 포도주 생산자 딸인 헨리에테 르나르-뒤발(Henritte Renard-Duval) 사이에서 태어났다. 오르젤스카가 태어난 직후 헨리에테는 파리의 상인 프랑수아 드랑(Francois Drian)과 결혼했기 때문에 오르젤스카는 파리에서 성장했다. 1723년 오르젤스카의 이복오빠인 루토프스키(Friedrich August Rutowski)가 파리에 나타나 그녀를 드레스덴으로 데려갔다. 이곳에서 루토프스키가 오르젤스카를 드레스덴 궁전에서 개최된 펜싱대회에 데려가자 프리드리히 아우구스트 1세는 변형된 군복을 입은 오르젤스카의 미모와 총명에 감탄했다. 1724년 9월 19일, 프리드리히 아우구스트 1세는 오르젤스카를 서녀로 인정하고 그녀에게 폴란드 백작녀 칭호를 하사하고 바르샤바의 청궁전에서 거주하는 것도 허락했다. 같은 해 10월 8일 아들로 인정받은 루토프스키 역시 프리드리히 아우구스트 1세로부터 폴란드 최고 훈장인 백독수리 훈장을 받고 작센군 대령으로 임명되었다.

오르젤스카에 대한 프리드리히의 연민은 점차 사랑으로 바뀌었고 베를린으로 돌아온 이후에도 짝사랑 때문에 몸무게가 줄고 실신하는 경우도 많아졌다. 이러한 상태는 그녀가 같은 해 프리드리히 아우구스트 1세와 같이 베를린을 방문할 때까지 지속되었다. 프리드리히는 베를린에서 오르젤스카를 다시 만났지만, 그녀는 이미 결혼했을 뿐만 아니라 임신까지 한 상태였다. 오르젤스카 역시 처음부터 프리드리히에게 호감을 느꼈지만, 서출이기 때문에 프로이센 왕세자와 결혼할 수 없다는 것을 알았다. 따라서 그녀는 부친이 시키는 대로 1728년 8월 10일 드레스덴에서 슐레스비히-홀슈타인-존더부르크-베크 공국의 프리드리히 대공과 결혼한 것이다.

아들의 짝사랑이 허망하게 끝난 것을 알게 된 프리드리히 빌헬름 1세는 프리드리히를 가능한 한 빨리 결혼시키려 했다. 1725년부터 영국의 조지 2세와 결혼 협상을 하고 있었는데, 이를 보다 구체화하려고 한 것이다. 이 결혼 협상은 중단되었다가 재개되는 등 원만히 진행되지 못했다. 당시 유럽의 왕실 사이에서 결혼은 권력과 정치의 도구였다. 왕실의 결혼에 각 국가의 위상과 명예, 그리고 미래가 연계되었기 때문이다.

프리드리히 빌헬름 1세의 왕비 조피 도로테아는 위엄 있고 아름답고 상냥했지만, 동시에 야심이 있었고 음모와 술수에도 능했으며 신분 의식 또한 매우 강했다. 그녀는 프리드리히를 조지 2세의 차녀 아멜리아(Amalia)와 결혼시키려 했다. 동시에 장녀 빌헬미네를 영국의 왕세자 프레데릭(Frederick)에게 시집 보내려 했다.

빌헬미네의 신랑 후보 프레데릭 역시 아버지 조지 2세와 사이가 그다지 좋지 못했다. 부자간의 불화 때문에 영국 왕실 내에서 국왕에 대한 반대 세력까지 부상할 정도였다. 1707년생인 프레데릭은 누르스름한 피부에 곱슬머리, 매부리코의 소유자였다. 이런 외모 때문에 조지 2세는 그가 태어났을 때부터 무척이나 싫어했다. 프레데릭이 자라면서 조지 2세는 점점 더 아들을 미워하게 되어 툭하면 고집쟁이에 거짓말쟁이

어린 시절의 프리드리히와 빌헬미네.
당시에는 남자아이에게 여자 옷을 입혀 키우면 오래 산다는 속설이 있었다.

라고 아들을 비하했다. 천박하고 사람 같지도 않으니 이 세상에서 빨리 사라졌으면 좋겠다고까지 말했다. 이런 상황이라 프레데릭의 할아버지인 조지 1세는 손자를 도와줄 배필이 필요하다고 생각하고, 프로이센으로 시집간 딸 조피 도로테아에게 프레데릭과 빌헬미네의 결혼을 제안한 것이다. 조피 도로테아도 동의했다.

조피 도로테아가 영국 왕실과의 겹사돈 계획을 추진한 데에는 당시 유럽에서 가장 강력한 영국과의 결합을 통해 호엔촐레른 가문의 위상을 높이려는 의도도 있었을 것이다. 조피 도로테아는 프리드리히와 빌헬미네에게 자신의 계획을 알렸다. 프리드리히는 어머니의 구상에 적극 동조했다. 결혼하면 하노버에서 가정을 꾸릴 수 있고 부친의 엄격한 통제에서 벗어날 수 있다는 지극히 이기적인 바람 때문인 듯하다. 빌헬미네 역시 프레데릭 왕세자와의 결혼에 찬동했다. 이후 그녀는 왕세자와 편지를 주고받기도 하고 약혼반지까지 받았다.

왕비의 겹사돈 계획에 프리드리히 빌헬름 1세 역시 처음에는 긍정적인 반응을 보였다. 그러나 국왕을 중심으로 한 친오스트리아 세력은 조피 도로테아의 계획을 반대했고 국왕 역시 점차 그쪽 의견으로 기울어졌다. 친오스트리아 세력을 주도하던 그룸브코(Friedrich Wilhelm v. Grumbkow) 장군은 니더라인(Niederrhein) 지방에 있는 베르크(Berg) 대공국의 상속권을 인정받기 위해서는 오스트리아 국왕이자 신성로마제국 황제인 카를 6세의 지지가 필요하다면서 왕비의 구상은 프로이센 외교에 위험한 요소가 될 수 있다고 주장했다. 실제로 카를 6세 역시 프로이센과 영국 왕실이 맺어지는 것을 막기 위해 베를린 주재 오스트리아 대사인 제켄도르프(Christoph Ludwig v. Seckendorff)에게 비밀 훈령을 내려, 그룸브코를 만나 왕비의 계획대로 되면 프로이센과 오스트리아와의 관계가 크게 악화할 수 있다는 점을 강조하라고 지시했다. 그룸브코는 프로이센 외교정책에서 핵심적 역할을 맡은 인물로 국왕으로부터도 절대적 신임을 받고 있었다. 또한 그는 비밀리에 빈 정부로부터 거액의 뇌물까지 받은 상태였다.

시간이 지날수록 프리드리히 빌헬름 1세는 그룸브코의 주장을 수긍

하는 방향으로 돌아섰다. 그가 추진하는 외교정책에서 오스트리아가 차지하는 비중이 매우 크다고 판단했기 때문이다. 또 영국 왕실의 화려한 생활에 익숙한 아멜리아 공주가 결혼하고도 그러한 생활을 계속하면 프로이센의 재정이 타격을 받게 될 것이고 상비군 체제를 구축하는 계획에도 차질이 빚어질 것이라 걱정한 것도 반대의 이유였다.

그러나 조피 도로테아와 프리드리히는 결혼을 추진하기 위해 영국 왕실에서 파견한 사람들을 만났다. 이에 프리드리히 빌헬름 1세의 심기는 더욱 불편해졌다. 프리드리히는 아멜리아를 진심으로 사랑하기 때문에 영국의 사신들을 만났다고 했다. 그러나 사실 프로이센의 왕세자는 영국 공주의 초상화도 보지 못했다. 프리드리히 빌헬름 1세는 아멜리아와의 결혼을 고집하는 아들을 비웃었다. "아직 만나지도 못한 여성과 결혼하겠다고 집착하는 건 장난에 불과하다."

아들이 이성을 잃고 멋대로 군다고 생각한 프리드리히 빌헬름 1세는 갈수록 불쾌해했고, 그 결과가 1729년 7월 이후의 식탁 좌석 배정이었다. 항상 프리드리히 빌헬름 1세 곁에서 식사하던 프리드리히가 국왕의 좌석에서 멀리 떨어진 식탁 맨 끝으로 자리를 옮기게 된 것이다. 음식이 부족해서 식사를 제대로 못 하는 경우도 많았다. 조피 도로테아는 프리드리히를 위해 별도 음식을 마련하여 몰래 방으로 보내곤 했다.

같은 해 12월 10일, 프리드리히 빌헬름 1세와 프리드리히 사이에 불편한 대화가 이루어졌다. 프리드리히 빌헬름 1세는 영국의 지원을 받는 왕실 내 파벌에 대해 악의적 발언을 했고, 프리드리히는 반박했다. "저는 영국인들을 존중합니다. 또한 영국에 프로이센 왕세자를 좋아하는 사람들이 많다는 것도 잘 알고 있습니다." 프리드리히 빌헬름 1세는 즉시 아들의 멱살을 잡고 지휘봉으로 때리기 시작했다. 이러한 학대는 이후에도 지속되었다. 심할 때는 프리드리히에게 발에 입맞추라고 명령하기도 했다.

1730년 5월, 작센의 리자(Riesa) 근처 차이타인(Zeithain)에서 개최된 행사 기간 중, 프리드리히는 친구 한스 헤르만 폰 카테(Hans Hermann.v.Katte) 소위에게 부친의 학대와 폭력에서 벗어나기 위해 프랑스를 거쳐 외삼촌 조지 2세가 통치하는 영국으로 망명해서 거기서 아멜리아와 결혼하겠다고 털어놓았다. 그러나 프리드리히 빌헬름 1세는 왕세자의 측근인 하인리히 폰 브륄(Heinrich v. Brühl)로부터 그 계획을 보고받고는 밀고자인 브륄과 같이 궁전 집회에 참여했다. 그곳에서 프리드리히의 탈출 계획을 거론하고는 아들의 머리채를 휘어잡아 연병장으로 끌고 가서 많은 사람이 보는 앞에서 심한 구타를 가했다.

이후 프리드리히와 브륄 사이의 관계는 극도로 나빠졌고 브륄이 사망할 때까지 회복되지 못했다. 또 이 일을 지켜보기만 하고 수수방관한 프리드리히 아우구스트 1세 때문에 1740년 이후부터 프로이센과 작센 사이의 관계 역시 원만하지 못했다. 프리드리히는 부친을 살해하겠다는 생각도 종종 했지만, 실제로 이행하지는 않았다.

작센에서의 탈출 시도가 실패로 끝나고 베를린으로 귀환한 프리드리히는 평상시처럼 생활했다. 오전에는 몸에 꼭 끼는 제복에 긴 장화, 머리를 뒤로 빗어 넘겨 가발을 쓴 차림으로 연병장에서 훈련을 받았다. 점심식사 후에 궁전 내 개인 공간으로 가면 플루트 교사 크반츠가 기다리고 있었다. 프리드리히는 1728년부터 비밀리에 플루티스트이자 작곡가인 크반츠로부터 플루트 수업을 받고 있었다.

프리드리히가 크반츠의 연주를 처음 들은 것은 1728년 드레스덴의 작센 선제후 궁전에서였다. 드레스덴 궁전은 일명 시바리스(Sybaris) 궁전으로 알려져 있다. 시바리스는 고대 그리스인들이 이탈리아 남부에 세운 식민도시로서, 시민들이 쾌락과 향락만 추구한 탓에 얼마 안 되어 멸망했다. 드레스덴 궁전이 시바리스 궁전이라고 불리는 건 프리드리히 아우구스트 1세와 궁정에 거주하는 측근들이 마치 시바리스 시민들처럼 향락만 추구한다고 꼬집는 것이다.

어쨌든 그곳에서 크반츠의 플루트 연주에 깊은 감명을 받은 프리드리히는 베를린으로 돌아온 후 그로부터 플루트를 배우고 싶어 했다. 조피 도로테아는 아들을 위해 사비로 플루트 교습을 받게 했다. 크반츠가 베를린에 와서 프리드리히에게 플루트를 가르치는 것은 프리드리히 빌헬름 1세에게 알리지 않은 채 비밀리 진행되었다. 악기 연주와 같은 고급 문화는 여성적이고 나약하다고 질색하던 프리드리히 빌헬름 1세가 프리드리히에게도 그런 걸 배워서는 안 된다고 경고했기 때문이다.

교습에 앞서 프리드리히는 싫어하던 군복을 벗고 금란으로 장식된 비단 아침 가운으로 갈아입었다. 그러나 이러한 편안한 분위기는 친구 카테가 연습실에 나타나면 급변하고 만다. 프리드리히 빌헬름 1세가 아들을 찾으면 카테가 미리 알리러 오기 때문이다. 실제로 카테가 연습실에 온 지 얼마 안 되어 프리드리히 빌헬름 1세는 프리드리히가 남자답지 못한 짓을 하고 있다는 의심을 하고 마치 전쟁터로 나가는 듯한 거동으로 계단을 올라오곤 했다.

플루트는 목관악기로서 진동으로 떨림을 주어 소리를 내며 리드를 이용하지 않고 연주하는 악기이며 주로 회양목으로 만들어졌다. 크반

상수시 궁전에서 직접 플루트를 연주하는 프리드리히 2세

츠는 기존의 플루트에 키를 하나 더 추가했고, 사람의 입 모양에 맞게
취구를 원통형에서 타원형으로 바꾸면서 섬세하고 반음이 가능하게끔
6개의 피리 손 구멍을 첨부했는데 이를 독일 플루트라 한다.

훗날 왕위에 오른 프리드리히 2세는 크반츠에게 매년 2천 탈러에 달
하는 거액의 연봉을 1773년까지 지급했다. 이것은 당시 베를린 정부의
최고위 관리들이 받던 연봉과 같은 수준이었고, 1740년부터 왕실 쳄발
로 연주자였던 카를 필리프 에마누엘 바흐(Carl Philipp Emmanuel Bach)의 연

봉인 300탈러보다 7배나 많은 액수였다.

요한 제바스티안 바흐(Johann Sebastian Bach)의 둘째 아들인 카를 필리프 에마누엘 바흐는 1746년 프리드리히 2세의 실내악 연주자로 임명되어, 매일 저녁 상수시 궁전에서 개최되는 연주회에서 쳄발로를 연주했다. 이렇게 박봉을 받았음에도 불구하고 오늘날 음악사에서 그가 차지하는 위상은 크반츠보다 훨씬 높다.

왕위에 오른 후 프리드리히 2세는 선왕의 절약 정책으로 베를린에서 사라진 카스트라토와 프랑스 발레 무용가들도 다시 불러들였다. 카스트라토는 변성기 이후 음역이 내려가는 것을 막고 여성의 음역을 내기 위해 거세된 가수를 지칭한다. 프리드리히 2세는 이탈리아 최상급 가수들을 베를린으로 초청했고 이들에게 2천 탈러에서 6천 탈러 정도의 적지 않은 출연료도 지급했다. 프리드리히 빌헬름 1세의 지나칠 정도의 근검절약 정책을 통해 모인 튼튼한 국고 덕분에 가능한 지출이었다.

1730년 프리드리히 빌헬름 1세와 프리드리히는 프리데리케 공주와 안스바흐 변경백(Markgraf v. Ansbach)의 결혼식에 참석하기 위해 아우크스부르크(Augsburg)를 방문했고, 이후 만하임(Mannheim)으로 여행을 떠났다. 여행 중 프리드리히는 다시금 프랑스를 거쳐 영국으로 도주하려고 했다. 이를 위해 영국 왕실의 도움을 받으려 했지만, 영국 왕실은 그러한 요청에 대해 정확한 답변을 주지 않았다. 다혈질인 프리드리히 빌헬름 1세가 반대하는데 왕세자를 받아들여 결혼을 시키면 영국과 프로이센이 외교적 군사적으로 충돌할 수 있기 때문이다. 영국 왕실은 그 과정에서 하노버 공국의 안위도 걱정해야만 했다.

그런데도 프리드리히는 8월 4일 저녁 시종 페터 폰 카이트(Peter v. Keith)

와 함께 탈출을 감행했다. 슈타인스푸르트(Steinsfurt)의 숙소를 떠나 주변의 한 농가 곡물창고에서 밤을 보내고 다음 날 새벽 프랑스를 거쳐 영국으로 탈출하려 했지만, 이번에도 성공을 거두지 못했다. 그의 탈출 시도가 얼마나 엉성했는지는 타고 갈 말들조차 제 시간에 준비되지 않은 데서 확인할 수 있다.

프리드리히는 붙잡힌 즉시 프로이센 영토인 베젤(Wesel)로 끌려갔다. 프리드리히 빌헬름 1세는 프로이센을 혼란시키고 자신을 암살하려는 영국의 음모 때문에 프리드리히가 영국으로 가려 한 것이라고 판단했다. 따라서 그는 왕세자 호송 임무를 맡은 부덴브로크(Buddenbrock) 장군에게 헤센(Hessen)과 하노버 영토를 거치지 말고 가라고 특별히 명령했다. 또한 조피 도로테아에게 영국 왕실과 겹사돈을 맺는 걸 불허한다고 통보했고, 그에 따라 결혼 협상은 완전히 중단되었다.

카테의 처형

프리드리히의 탈출 계획에 관여하고 지원하려 했던 카테는 1704년 2월 28일 육군 원수 한스 하인리히 폰 카테(Hans Heinrich v. Katte)의 아들로 태어났다. 1717년부터 1721년까지 할레교육대학 예과에서 공부하면서 몇 학기 동안 쾨니히스베르크와 위트레흐트대학에서도 수학했다. 그는 1729년 수학 및 기술 강의에서 프리드리히를 처음 만났고 그 이후 두 사람 사이는 긴밀해졌다. 프리드리히는 카테의 처세술에 깊은 감명을 받았다. 이들은 취미도 비슷해서 플루트 연주를 같이 하거나 문학에 대해 깊이 있는 대화를 자주 나누었다.

쾨페니크(Köpenick)성으로 압송된 프리드리히는 그곳에 설치된 전쟁재판소에서 재판을 받게 되었다. 재판이 진행되는 도중에는 지하 감옥에 투옥되어 죄수복을 입어야 했으며, 감시자는 프리드리히가 어떠한 질문을 해도 답변하지 않았다. 성서를 읽는 데 필요한 '수지로 만든 작은 양초' 사용은 저녁 7시까지만 허용되었다.

9월 16일, 조사위원회가 구성되었고 그룸브코가 위원장으로 선임되었다. 이후 조사위원회는 프리드리히에게 모두 185항목의 질문서를 전달하여 성실한 답변을 요구했다. 특히 179번째 질문은 "왕세자는 자신의 행위로 어떠한 처벌을 받을까"였고, 프리드리히는 "국왕의 은총과 의지에 무조건 따르겠다"라고 답변했다. 프리드리히는 자신의 행동을 반성하지 않았고 사형선고를 내린다 해도 별로 동요하지 않는 태도였다. 그러나 자신의 탈출 시도로 피해를 봐야 하는 주변 사람들에게 미안해했고 이것은 아마도 그가 가졌던 최대 약점이라고 하겠다.

카테 역시 프리드리히의 탈출 계획을 알면서도 당국에 바로 고발하지 않은 죄로 베를린에서 체포되었다. 전쟁재판소에서는 재판관들의 의견이 일치되지 않았기 때문에 관례에 따라 사형 대신 종신형을 구형했다. 그리고 프리드리히에 대한 판결은 전쟁재판소의 권한이 아니기 때문에 선고는 일단 유보되었다. 그러나 프리드리히 빌헬름 1세는 전쟁재판소의 판단을 부적절하다고 보고 판결을 다시 하라고 했다. 이에 따라 1730년 10월 28일 카테는 사형선고를 받았다. 이후 카테는 프리드리히와 마찬가지로 쾨페니크성의 감옥에 갇혔다.

프리드리히 빌헬름 1세는 카테에 대한 처형 방식으로 불에 뜨겁게

달군 집게로 팔다리를 뜯어낸 다음 교수형에 처해야 한다고 주장했다. 전쟁재판소가 반대했으나 프리드리히 빌헬름 1세는 1730년 11월 1일 '지존의 정부칙령'을 통해 카테를 교수형에 처한다고 일방적으로 발표했다. 주변에서 만류하여 교수형보다는 관대한 참수형으로 한 발 물러섰지만(여기서 프리드리히 빌헬름 1세는 카테 가문이 국가를 위해 봉사한 것을 고려했다고 밝혔다), 이번에는 아들이 보는 앞에서 형을 집행해야 한다고 우겼다.

프리드리히의 탈출을 도왔던 시종 카이트는 네덜란드를 거쳐 영국으로 도망갔다. 그에 대한 재판은 죄인의 출두 없이 진행되었고 판결에 따라 그를 상징하는 물체를 교수형에 처했다. 『독일인물사서』에 기록된 카이트의 사망일은 그가 실제로 사망한 날이 아닌 상징적 교수형이 집행된 날이다.

반역이나 탈영을 저지른 자는 신분에 상관없이 같은 형벌을 받아야 한다고, 즉 사형에 처해져야 한다는 것이 프리드리히 빌헬름 1세의 생각이었다. 그가 카테를 처형해야 한다고 주장한 것은 카테의 행동이 탈영의 범주에 포함되기 때문이었다.

프리드리히 빌헬름 1세는 카테가 프리드리히를 부추겼다고 믿었지만, 정확히 말하자면 카테는 프리드리히에게 탈출을 다시 한번 생각해보자고 만류하는 쪽이었다. 카테는 그가 소속된 연대의 신병 모집 행사에 참석한다는 핑계로 프리드리히와 같이 국외, 즉 프랑스로 탈출하려고 했다. 그러나 허가증이 나오지 않아 일이 꼬이자, 카테는 계획을 중단하려고 했다. 프리드리히 빌헬름 1세가 아들의 탈출 시도를 사전에 눈치챘을지도 모른다고 생각한 것이다. 실제로 프리드리히 빌헬름 1세는 첫 번째 탈출 시도가 실패로 끝났음에도 불구하고 프리드리히가 계속하여 탈출을 계획하고 있다는 것을 파악하고 있었기 때문에 아들과 그 측근들을 철저히 감시하고 있었다. 그런데도 프리드리히는 카테의 조언을 무시한 채 계획을 밀어붙인 것이다.

프리드리히 빌헬름 1세는 프리드리히와 카테가 동성애를 하고 있다고 확신하고 있었으므로 이것 역시 카테를 처형하는 중요한 요인이 된 듯하다. 실제로 그는 동성애자는 반드시 화형에 처해야 한다는 입장이었고, 실제로 남색 혐의를 받는 안드레아스 레프쉬(Andreas Lepsch)를 1730년 10월 17일 공개 화형에 처한 바 있다.

사형선고가 내려졌음에도 불구하고 카테는 프리드리히 빌헬름 1세가 자신을 사면할 것이라고 믿었다. 그는 국왕에게 서신을 보내 잘못을 사죄하고 앞으로는 충실한 신하로 살아가겠다고 호소하며 관용을 베풀어달라고 빌었다. 그러나 프리드리히 빌헬름 1세는 답장을 보내지 않았다.

당시 퀴스트린 형무소에 수감된 채로 카테의 처형이 확정되었다는 소식을 들은 프리드리히는 부친에게 서신을 보내 카테를 살려준다면 계승권을 포기하겠다고 했다. 이것으로 충분하지 못하면 카테 대신 자신이 죽겠다고 호소했다. 그러나 프리드리히 빌헬름 1세는 아들의 요청도 받아들이지 않았다.

1730년 11월 3일 대대장인 사크(v. Schack) 소령의 호송단이 카테를 퀴스트린으로 압송했다. 이동 중 카테는 부친에게 작별 편지를 써도 되는지 물었다. 사크는 그것을 허락했고 약간의 시간을 주었다. 퀴스트린에 도착한 카테는 처형되기 전날인 11월 6일 성직자와 몇몇 친구들과 함께 기도하고 성가를 불렀다. 한 감시자가 그 장면을 묘사한 기록을 남겼다. 새벽 3시까지 불안해하던 카테는 2시간 정도 잠을 잤고 아침 7시 호송

카테의 처형

대가 그를 독방에서 처형장으로 데려갔다. 카테는 마당에 마련된 모래
더미 위에 올라섰다.

프리드리히는 처형장이 내려다보이는 독방에 갇혀 있었다. 그는 보
지 않으려고 했지만 교도관 두 명이 강제로 그를 붙들어 창살에 얼굴을
붙이고 마당을 내려다보게 했다. 주변을 둘러보던 카테는 창살에 달라
붙은 프리드리히를 보고 프랑스어로 정중하고 예의 바르게 작별 인사를
했다. 이어 카테는 가발과 웃옷과 목도리를 벗고 모래 위에 무릎을 꿇고
앉았다. 참수형을 당하기 직전 "하느님, 저의 가련한 영혼을 구원해주십
시오. 참수당하는 순간 저의 인생은 새롭게 시작될 것입니다."라고 기도
했다.

카테의 목은 단칼에 떨어져 나갔지만, 프리드리히는 그의 마지막 순간을 보지 못했다. 과도한 흥분으로 혼절했기 때문이다.

카테의 시신은 오후 2시까지 처형장에 그대로 방치되었다. 프리드리히 빌헬름 1세의 특별명령 때문이었다. 카테의 처형을 강제로 목격해야 했던 프리드리히는 서너 차례나 혼절했고, 밤에는 악몽에 시달렸다. 프리드리히가 카테의 시신을 다른 곳으로 옮겨달라고 요청하자 프리드리히 빌헬름 1세는 결국 수용했다.

프리드리히는 평생 자신 때문에 카테가 처형되었다는 죄책감을 가지고 있었다. 왕위에 오른 그가 가장 먼저 한 일도 오늘날 작센 안할트주에 있는 뷔스트 교회 소속, 천장이 둥근 동쪽 지하 납골당에 안치된 카테를 방문한 것이었다. 그 자리에서 그는 미안한 마음을 솔직하게 토로했다. 카테의 시신이 뷔스트 교회에 안치된 것은 카테의 부친과 조부의 요청이 받아들여졌기 때문이다.

훗날 프리드리히 2세는 상수시 궁전을 건축할 때 정원에 〈기도하는 소년〉 조각상도 세웠다. 카테의 처형을 언제나 기억하겠다는 마음이 담긴 조각상이라고 한다.

카테를 처형한 이후 프리드리히 빌헬름 1세는 1730년 10월 28일의 전쟁재판소 판결에 따라 프리드리히까지 처형해야 한다고 주장했다. 안할트-데사우(Anhalt-Dessau)의 레오폴트 대공은 찬성했지만, 신성로마제국의 카를 6세와 그의 측근 오이겐(Eugen) 대공은 반대했다. 특히 카를 6세의 반대 의견은 프리드리히 빌헬름 1세의 결정에 결정적 역할을 했다. 11월 9일 프리드리히의 형량은 사형에서 장기간 구금형으로 경감되었다. 실제로 카를 6세는 프리드리히 빌헬름 1세에게 신성로마제국 내에서 왕족을 처형하려면 반드시 제국의회의 동의를 받아야 한다고 강조했다. 이후 카를 6세는 제켄도르프에게 프로이센 왕세자의 동향을 정례적으로 보고하라고 명령했고, 그 과정에서 알게 된 프리드리히의 개인적 부채를 해결해주기도 했다. 프리드리히에게 선물도 자주 보냈다.

카를 6세가 프리드리히에게 관심을 보인 건 향후 오스트리아와 프로이센 간의 친선을 유지하는 데 도움이 될 수 있다고 판단했기 때문일 것이다. 그러나 프리드리히는 카를 6세의 도움으로 자신이 처형되지 않은 사실을 인정하면서도 그의 호의를 기뻐하지 않았다. 그와 영국 공주 아멜리아의 혼담이 깨진 것은 오스트리아가 깊이 개입했기 때문이라는 사실을 알고 있었기 때문이다(훗날 그가 엘리자베트 크리스티네와 결혼하게 된 것도 오스트리아의 영향이었다).

영국 주재 프로이센 영사는 1730년 11월 24일 카테 처형에 대한 영국 정부와 사회의 반응을 자세히 보고했다. 영국의 분위기가 좋지 않다는 보고서를 접한 프리드리히 빌헬름 1세는 자신의 권위에 도전하는 인물들, 특히 귀족 계층에 대한 처벌을 앞으로 더욱 강화하겠다고 다짐했다. 지금까지 프리드리히 빌헬름 1세는 적지 않은 귀족들을 왕권 도전이라는 죄명으로 처형했다. 그러나 카테를 처형하고 자기 아들마저 처형해야 한다는 상황에서 그의 이상한 행동이 목격되었다. 지나치게 술을 많이 마시거나 왕궁 곳곳을 목적 없이 헤매면서 큰 목소리로 떠들곤 한 것이다.

장녀 빌헬미네 역시 동생의 탈출 계획을 사전에 알고 있었다 하여 재판에 넘겨졌고 1년의 격리형을 선고받았다. 1709년에 태어난 빌헬미네는 1757년 사망할 때까지 프리드리히와 매우 긴밀한 관계를 유지했다.

프리드리히의 탈출이 실패로 끝난 후 빌헬미네는 자신 역시 아버지의 분노에서 벗어날 수 없음을 깨달았다. 베를린으로 돌아온 프리드리히 빌헬름 1세는 왕비를 비롯한 자녀들을 바로 소집했다.

빌헬미네

빌헬미네의 회고록은 당시의 상황을 비교적 자세히 기록하고 있다. 우선 빌헬미네가 프리드리히 빌헬름 1세에게 다가가 손에 입을 맞추었지만, 부친은 그녀를 쳐다보지도 않았다. 국왕의 안색은 흙빛이었고, 두 눈에는 살기가 번득였고, 입에서 거품이 나올 정도로 화가 많이 난 상태였다. 프리드리히 빌헬름 1세는 '빌헬미네'를 부르더니 동생 탈출을 도운 배신자라고 외쳤다. 동시에 주먹으로 빌헬미네의 얼굴에 일격을 가해 그녀의 관자놀이가 퉁퉁 부어올랐다. 이어 그녀의 머리를 널빤지 모서리로 가격했다. 궁녀 존즈펠트(v. Sonsfeld)와 미용사가 저지하지 않았다면 최악의 상황이 됐을 것이다. 빌헬미네는 머리에서 피를 흘리며 바닥에 쓰러졌다. 기절한 그녀를 국왕은 계속하여 때리려고 했으나 그 자리에 있었던 왕비와 왕자들, 공주들이 뜯어말렸다. 얼마 후 깨어난 빌헬미네는 왜 죽게 내버려두지 않고 아버지를 말렸느냐고 원망했다. 이렇게 맞으면서 사느니 차라리 죽는 게 낫다는 것이었다.

이때 프리드리히 빌헬름 1세가 딸을 구타하는 소리는 왕궁 밖에서도 들릴 정도로 컸다. 그렇게 딸을 죽을 지경까지 구타한 프리드리히 빌헬름 1세는 왕비를 비롯한 다른 왕족들에게도 비난을 퍼부었다.

포츠담 음악대학 학장의 딸인 16세의 소녀 엘리자베트 도로테아 리터(Elisabeth Dorothea Ritter)도 체포되었다. 그녀는 프리드리히와 종종 연주를 같이 한 적이 있어서 포츠담에서는 프리드리히와 리터가 깊은 사이라는 소문이 돌았다. 당시 프리드리히 빌헬름 1세는 즉시 주치의에게 리터가 처녀인지 확인하게 했다. 주치의가 주관한 신체검사에서 리터가 처녀임이 밝혀졌음에도 불구하고 프리드리히 빌헬름 1세는 프리드리히와 리터 사이를 계속 감시하게 했다. 육군 소위 요한 루트비히 폰 인거스레벤(Johann Ludwig v. Ingersleben)도 프리드리히가 리터를 만나는 장소에 서너 번 같이 갔기 때문에 국왕의 불타는 복수심의 대상이 되었다.

리터는 부모의 집 앞에서 체포되어 마르크트 광장으로 호송되었고 그 후 포츠담의 곳곳으로 끌려다니며 채찍질을 당하는 형벌을 받았다. 처벌은 그것으로 끝나지 않고 종신형을 받아 슈판다우(Spandau) 교도소에 수감되었지만, 1733년 특별사면으로 풀려났다. 인거스레벤은 체포된 후 어떠한 처벌을 받았는지 확인되지 않는다.

프리드리히와 그의 탈출에 도움을 준 이들을 가혹하게 처벌하면서 프리드리히 빌헬름 1세는 몇 가지 부수적인 효과를 기대했다. 우선 왕세자라도 국왕에게 불복종하면 처형될 수 있다는 것을 신민들에게 널리 알렸다. 그것은 반항을 도모하는 귀족 계층에 대한 강력한 경고로도 볼 수 있었다. 이어 자신이 프로이센 외교정책의 최종 결정자라는 것도 부각되었다.

죽음의 침상 앞에서의 화해

이렇게 왕세자와 각을 세웠던 프리드리히 빌헬름 1세도 말년에 접어들면서 아들을 신뢰하게 되었다. 노년의 그는 호엔촐레른 가문의 유전병인 통풍 발작으로 제대로 걷지도 못하고 휠체어에 의존해야 했고, 결국 1740년 5월 31일 포츠담의 도시성에서 수종으로 사망했다.

당시 전쟁장관 하인리히 폰 툴레마이어(Heinrich v. Thulemeier)는 프리드리히 빌헬름 1세가 사망하기 전날의 상황을 자세히 기록했다. 여기에서 프리드리히 빌헬름 1세와 프리드리히 사이의 감동적 장면을 확인할 수 있다. 이날 프리드리히 빌헬름 1세는 툴레마이어에게 "신은 나에게 그리 많은 은총을 내리지 않았지만 그래도 용감하고 능력 있는 아들을 선사했다."라고 말했다. 툴레마이어 곁에 있던 프리드리히가 그 말을 듣고 다가가 손을 붙잡으면서 눈물을 흘리기 시작했다. 이에 프리드리히 빌헬름 1세는 아들에게 팔을 두르고 꼭 껴안았다. 이어 측근들에게 프리드리히가 자신이 넘겨줄 왕국을 잘 다스릴 것이라고 말하기도 했다.

그다음 날인 5월 31일, 프리드리히 빌헬름 1세는 프리드리히를 다시 부른 후 마지막으로 그를 꼭 껴안으면서 말했다. "아, 이제 나는 편히 눈을 감을 수 있을 것 같다. 이건 모두 내가 합당한 아들과 후계자를 가졌기 때문이지."

자식 사랑은 신분의 귀천과 관계없이 누구나 가지고 있는 것이다. 삶을 마감하기 직전의 프리드리히 빌헬름 1세도 예외는 아니었다.

3

여왕의 아들로 산다는 것

마리아 테레지아와 요제프

축복 속에 태어난 왕자

오스트리아에서는 카를 6세가 갑작스럽게 서거하고 프로이센의 프리드리히 2세가 슐레지엔을 공격하면서, 마리아 테레지아는 안팎으로 어려움을 겪었다. 그러나 1741년 3월 13일 오전 2시 요제프를 낳은 것은 기쁜 일이었다.

오스트리아인들 모두 요제프의 탄생을 반겼다. 왕자가 태어난 것을 기뻐하며 사람들은 집 앞에 표어를 걸어놓기도 했다. 그중 하나가 '이제 오스트리아는 치마 대신 바지를 입을 수 있기 때문에 앞으로는 프로이센도 물리칠 수 있다'는 것이었다. 당시 벌어지고 있던 오스트리아 왕위 계승전쟁과 관련된 표어였다.

요제프는 태어난 지 한 달도 안 된 4월 4일 신민들에게 공개되었다. 왕자 출생으로 오스트리아에서는 마리아 테레지아와 그녀 남편에 대한 호감도가 크게 올라갔다.

마리아 테레지아는 요제프를 낳기 전 이미 마리아 엘리자베트(Maria Elisabeth), 마리아 안나(Maria Anna), 그리고 마리아 카롤리나(Maria Carolina)까지 세 명의 딸을 낳았다. 이들 중 마리아 엘리자베트와 마리아 카롤리나는 태어난 지 얼마 안 되어 목숨을 잃었다. 은잔을 깨끗이 씻지 않았을 때 발생하는 녹청 중독이었다.

가문의 후계자이자 왕위 계승자인 요제프는 태어난 직후부터 부모와 국가로부터 과잉 보호를 받았다. 열두 살의 요제프가 서른두 명의 궁정 신하를 거느릴 정도였다.

마리아 테레지아는 직접 교육 방침을 세워 요제프에게 제왕 교육을 시켰다. 그녀는 왕위계승자가 될 요제프에게 합스부르크 가문 역사를 상세히 가르쳤고, 기독교의 수호자로서 합스부르크 가문의 위상과 역할을 강조했다. 요제프는 학습 능력은 있었지만 고집이 매우 세고 주변 사람들에게 까탈스러웠으며 거만했다. 그래서 요제프의 스승이 되겠다는 사람이 드물었지만, 그 자리를 기꺼이 받아들인 이가 크로아티아 출신의 카를 바티야니(Karl Batthyány) 백작이었다.

바티야니 백작은 에스파냐 왕위계승전쟁에 참여한 노련한 장군이었고, 오스트리아군뿐만 아니라 프로이센군에서도 혹독하고 엄격한 규칙을 따지는 인물로 알려져 있었다. 바티야니는 마리아 테레지아의 요청에 따라 회초리도 사용했다. 그때까지 주변의 과잉 보호 속에서 성장한 유약한 소년은 엄격한 군대식 훈련을 거치면서 성격이 더욱 완고해졌고, 훗날 바티야니의 당근과 채찍 교육법에 불만을 표출하기도 했다.

일반교육은 예수회 사제들이 전담했다. 요제프는 기억력이 좋아서 광범위한 교양수업을 무난히 소화했고, 특히 체육과 음악 분야에 관심이 많았다. 그 외에 라틴어, 프랑스어, 이탈리아어, 체코어, 그리고 사교생활에 필요한 피아노나 바이올린, 첼로 같은 악기 연주, 춤과 연극도 배웠다.

마리아 테레지아는 요제프가 자만심이 매우 강하고 주의력이 산만하다는 걸 알고 있었다. 그녀는 아들의 성격상 문제점들을 고치려고 해봤지만 별반 성과는 없었다. 그래도 성년이 되면서 요제프의 성품은 조금씩 부드러워지고 절제력도 생겼다.

성장한 요제프의 교육과정에는 지리학, 역사, 수학, 수사학, 국가법, 교회법, 국제법 등이 추가되었다. 요제프의 성품 변화가 교육의 결과인지 내적 성장의 결과인지는 알 수 없으나 마음속에 은폐된 감정은 훗날 그의 두 번째 부인이나 어머니와의 관계에서 냉담하거나 저항적인 행동으로 표출되었다.

젊은 시절의 사별과 재혼

합스부르크 가문은 수백 년 동안 결혼정책을 효율적으로 시행해왔고 적지 않은 성과를 거두었다. "남들은 전쟁하게 놔두고 그대 행복한 오스트리아여, 결혼을 하라(Bella gerant alii, tu felix Austria nube)"라는 경구가 있을 정도이다. 합스부르크 가문의 결혼정책에는 몇 가지 원칙이 있었다. 결혼 상대자는 반드시 동등한 신분이어야 하며, 독립 왕조도 유지해야 했다. 또한 이교도와의 결혼은 불허되었다.

그러한 원칙에 따라 마리아 테레지아 역시 요제프의 신부는 부르봉

가문이나 모데나 대공국 출신
이어야 한다고 생각하고 있었
다.

　1759년 2월, 프로이센과의
전쟁 중 마리아 테레지아는 프
랑스의 루이 15세와 제2차 베
르사유 비밀조약을 체결했다.
이때 루이 15세는 마리아 테
레지아에게 요제프의 신부로
파르마 대공 필리프(Philipp)의
장녀인 이사벨라(Isabella v. Bour-

파르마의 대공녀 이사벨라

bon-Parma)를 추천했다. 이사벨라의 어머니 루이제 엘리자베트(Louise Elisa-
beth v. Bourbon)는 루이 15세의 딸이었다. 마리아 테레지아 역시 루이 15세
의 손녀를 며느리로 맞이하면 부르봉 가문과의 교분이 긴밀해질 것이고
정략적으로도 유리하다고 판단했다.

　왕족이나 귀족들의 결혼은 거의 초상화를 통해 이뤄졌는데 마리아
이사벨라의 초상을 본 요제프는 즉시 그녀의 외모에 반해버렸다. 어떤
일에 열중하면 정신없이 매달리는 성격이라, 요제프는 이사벨라와의
결혼에 집착하게 되었다. 1760년 10월 6일 보르메오(Vitaliano Borromeo) 추
기경의 주도로 결혼식이 빈의 아우구스티너키르헤에서 성대하게 진행
되었다.

　결혼한 지 18개월 만에 요제프 부부 사이에는 예쁜 공주가 태어났다.
아기는 할머니의 이름을 따서 마리아 테레지아로 세례를 받았다. 첫 아이로 딸이 태어났지만, 요제프는 부인을 사랑했기 때문에 개의치 않았다. 젊고 건강하고 생활의 기쁨에 충만한 두 사람에게 아들을 얻을 수 있는 시간은 충분하다고 생각한 것이다.

이사벨라는 1763년 11월 22일에 둘째 딸 마리아 크리스티나를 낳았지만, 이 아이는 태어나자마자 몇 분 만에 사망했고 출산 직전에 걸린 천연두로 산모 역시 사경을 헤맸다. 요제프는 사랑하는 아내의 병상 곁에서 밤낮없이 간호했지만, 이사벨라는 1763년 11월 27일에 생을 마감했다.

궁내부 장관 안톤 그라프 폰 잘름(Anton Graf v. Salm) 백작이 이사벨라와 마지막 밤을 보내던 요제프의 모습을 후세에 전했다. 요제프는 이사벨라가 하려는 말에 귀를 기울이고, 그녀가 의식이 있는지 없는지 계속 살펴보면서 숨을 거둘 때까지 곁을 지켰다고 한다.

사랑하는 아내를 잃은 요제프의 슬픔은 컸다. "혼자 방에 있을 때면 사랑하는 이사벨라의 초상화를 보면서 그녀가 보낸 서신들을 떠올린다. 때때로 그녀는 살아 있는 것처럼 나에게 말을 걸기도 한다."라는 메모를 남기기도 했다. 마리아 테레지아도 사돈에게 보내는 편지에서 "어떻게 이러한 이별을 견뎌야 할지 모르겠소. 앞으로는 평생 불행할 것만 같소"라고 했다. 또 다른 편지에서 그녀는 "사랑하는 며느리의 죽음에서 비롯된 상실감이 너무 커 가족들의 즐거움도 사라졌다. 그녀를 보낸 것은 살을 에는 듯하며 나의 모든 것을 잃어버린 것 같다."라고 말하기도 했다.

그러나 마리아 테레지아는 요제프가 오스트리아 왕위 계승자로서 하루빨리 슬픔을 이기고 새로운 신부를 맞아야 한다고 생각했다. 요제프는 아직 스물세 살밖에 되지 않았고, 나라를 위해서 다시 결혼해야 했다. 요제프는 이사벨라가 죽은 지 넉 달 후인 1764년 3월 27일 프랑크푸르트에서 로마 왕으로 선출되어 4월 3일 대관식이 거행되었다.

요제프의 새로운 신부 후보로는 바이에른의 마리아 요제파(Maria Joseoha), 작센의 쿠니쿤데(Kunikunde), 브라운슈바이크-볼펜뷔텔의 엘리자베트 크리스티네(Elisabeth Christine) 등이 거론되었다. 요제프가 마리아 요제파와 결혼한다면 바이에른의 영토 상당 부분을 차지할 수도 있으리라고 마리아 테레지아는 기대하고 있었다.

요제프보다 두 살 위인 마리아 요제파는 젊은 시절 마리아 테레지아를 괴롭혔던 신성로마제국 황제 카를 7세의 딸로서 당시로서는 드물게 스물다섯 살까지 미혼이었다. 마리아 요제파와의 혼담이 결정되어가자 죽은 아내의 기억 속에서 살던 요제프는 장인에게 편지를 썼다. "키가 작고 뚱뚱하며 얼굴에는 붉은 점과 여드름이 있고 썩은 이빨에 처녀로서의 매력 역시 전혀 없는 마리아 요제파와 결혼해야 하는 저를 불쌍히 생각해주십시오."

1765년 1월 23일, 쇤브룬 궁전에서는 호화로운 결혼식과 성대한 축하연이 열렸다. 그러나 빈 황궁에서 자신이 쓸데없는 존재라는 것을 파악한 마리아 요제파에게 결혼생활은 끊임없는 고통의 연속이었다. 배려심이 깊은 마리아 테레지아는 마리아 요제파를 동정했지만, 그녀를 식구로 포용하는 것에 대해서는 주저했다. 점차 그녀는 정략결혼을 한 아들에게 심한 죄책감까지 느끼게 되었다.

요제프는 정신적으로도 육체적으로도 마음에 들지 않는 신부와 가까이하지 않았다. 따라서 마리아 요제파는 아이도 가지지 못했고, 결국

요제프 2세와 동생 레오폴트(왼쪽)

1767년 5월 25일 당시 유행한 천연두에 걸려 목숨을 잃었다.

어머니와 아들의 공동통치

1765년 9월 17일 마리아 테레지아는 요제프를 오스트리아 왕국의 공동통치자로 임명했다. 이때 요제프는 부친 프란츠 1세의 영지였던 토스카나 대공국을 동생 레오폴트에게 이양하고, 어머니와 공동으로 오스트리아를 다스리게 되었다.

물론 프란츠 1세도 마리아 테레지아와 공동통치자였기 때문에 남편 대신 아들이 공동통치자가 되었을 뿐 체제는 이전과 크게 다를 바 없었으나, 아들은 항상 여왕의 뒤편에서 조용하게 지냈던 남편과는 전혀 달랐다.

공동통치자로 등장한 요제프 2세는 부친 프란츠 1세를 부정적으로 평가했다. 성년이 된 이후부터 요제프 2세는 부친이 마리아 테레지아에게 왜 그렇게 굴종적인지, 어떻게 그녀에게 모든 권력을 양도할 수 있었는지 의문을 제기했다. 부친이 사냥, 젊은 여인들, 게임, 그리고 연극 관람을 좋아하고 재산 증식과 훈장 수집에만 신경을 쓴 것도 이해하지 못했다. 따라서 요제프 2세는 부친으로부터 200만 굴덴에 달하는 거액을 상속받아도 전혀 고마워하지 않았다. 게으름뱅이 부친이 국사에 무관심하고 스스로 처리해야 할 일을 모두 루돌프 요제프 폰 콜로레도(Rudolf Joseph v. Coloredo)에게 위임한 것도 불만스러워했다.

요제프 2세는 남자라면 군사 경력이 가장 필요하고 중요한 일이며,

그 분야에서 성과를 거두지 못한 인물은 존경할 수 없다고 생각했다. 그렇게 보자면 부친은 인생 실패자였다. 점차 요제프 2세는 자기는 부친과는 달리 영토 확장을 통해 명성을 얻어야겠다고 생각했고, 프로이센의 프리드리히 2세를 멘토로 설정했다. 프리드리히 2세와 마찬가지로 요제프 2세 또한 마키아벨리(Niccoló Machiavelli)의 『군주론(Il Principe)』를 읽고 그 영향을 받은 것 같다(사실 프리드리히 2세는 마리아 테레지아의 왕위 계승에 반대하여 오스트리아를 침공, 결국 슐레지엔 지방을 탈취한 장본인이다).

남편을 잃고 상심한 마리아 테레지아는 정무의 중압감에서 벗어나기 위해 아들을 공동통치자로 임명했지만, 최종 결정은 항상 자기 몫으로 남겨두고자 했다. 그녀는 일과 책임을 나누고자 했던 것이지 권력을 나누려 한 것은 아니었다. 아들은 자신의 수중에서 도구 역할을 해야 한다고 생각했다. 물론 마리아 테레지아는 요제프 2세가 국가 통치에서 중요한 권력을 장악해야 한다고 생각했지만, 아들이 어머니를 배려할 테니 별 문제는 없으리라고 믿고 있었다.

그러나 마리아 테레지아의 믿음은 무너졌다. 가족을 잃은 허전함을 정치에서 보상받기라도 하려는 듯이 요제프 2세는 어머니의 뜻과는 정반대로 행동했다. 가끔 그는 책상에 앉아 업무 처리를 하기보다는 몽상에 빠지기도 했다. 이에 마리아 테레지아는 아들이 일반적인 국정 업무를 독자적으로 결정하고 이행하게끔 유도했다. "내 경험이 네 의사결정에 도움이 되겠지. 그러나 너 스스로 여러모로 살펴본 후 결정한 사안들에 난 이의를 제기하지 않을 것이다." 이러한 서신은 요제프 2세가 어떤 중요한 국사를 결정할 때 그녀의 조언을 반드시 듣기 바란다는 뜻을 우회적으로 표시한 것으로도 볼 수 있다.

요제프 2세

　그러나 요제프 2세는 마리아 테레지아로부터 조언을 거의 구하지 않았다. 점차 마리아 테레지아는 아들의 독단적 행동에 불만을 표하기 시작했다. 요제프 2세 역시 어머니한테서 떨어져 있는 것이 자신에게 도움이 된다는 것을 파악하고 가능한 한 군영이나 전선에 머무르려 했다.

　마리아 테레지아는 이게 다 아들이 여행을 좋아해서 생긴 일이라고 생각했다. 그녀는 요제프 2세가 자주 여행을 하는 것을 싫어했다. 요제프 2세가 빈을 자주 떠나는 것은 그의 권한과 의무를 회피하는 짓이라고 생각했다.

　1773년, 요제프 2세는 어머니에게 아무런 말도 없이 폴란드와 지벤뷔르겐으로 여행을 떠났다. 마리아 테레지아는 '네가 머무를 장소는 폴란드와 지벤뷔르겐이 아닌 빈'이라며 꾸짖는 편지를 보냈다. 마리아 테

말년의 마리아 테레지아와 자녀들

레지아가 요제프 2세가 잦은 여행에 불만을 가진 건 여행으로 큰 병에 걸리지 않을까 두려워했기 때문이기도 하다. 요제프 2세가 툭하면 빈을 떠나 오스트리아의 여러 곳을 돌아다닌 건 어머니와의 대립을 피하려는 목적도 있었지만, 여행하면서 신민들과 많은 접촉을 하고 앞으로 자신이 펼칠 정책의 근간을 구상하기도 했다.

공동통치를 시작한 지 1년이 지난 크리스마스 저녁, 마리아 테레지아는 "우리는 서로를 너무도 이해하지 못한다"고 실토했다. 실제로 마리아 테레지아는 요제프가 사람들과의 대화, 사교, 춤, 사냥 등에 관심이 없다고 우려했고, 요제프는 미망인이 된 마리아 테레지아의 우울을 이해하지 못했다. 모자의 불화에는 마리아 테레지아 역시 책임이 있었다. 요제프 2세가 너무나 사랑하던 첫 번째 아내를 잃었을 때 아들의 감정을 전혀 배려하지 않고, 오직 가문의 이익을 위해 아들의 재혼을 밀어붙였기 때문이다.

모자는 서로를 더없이 사랑했지만, 각자의 성격이 너무도 달라 서로에게 상처를 주었다. 아들은 어머니의 건강이 좋지 않을 때는 지극정성으로 간호했지만, 정치에서는 어머니의 뜻을 거슬렀다. 아들의 극과 극을 오가는 행보에 마리아 테레지아는 마음고생을 했다.

점차 두 사람은 서로 대면하면 참을 수 없을 지경이 되었다. 모자는 서로를 불신하고 염탐하며 각자 자기가 더 뛰어나다고 생각했다. 어머니는 아들이 '냉정하고 판단력이 부족하다'고 비난했고, 아들은 어머니가 '우유부단하고 궁중 소문에 지나치게 의존한다'라고 맞섰다.

정치적 사안들에 대한 의견은 대립했지만 요제프 2세는 어머니를 진심으로 사랑했다. 1767년 마리아 테레지아가 천연두에 걸려 매우 위독했을 때 요제프 2세는 며칠 동안 그녀 옆에서 떠나지 않았다. 요제프가 그녀 방에서 나올 때 눈가에는 눈물이 고여 있기도 했다.

4

비운의 황태자
프란츠 요제프 1세와 루돌프

교육인가 학대인가

오스트리아의 황태자 루돌프(Rudolf Franz Karl Joseph)는 1858년 8월 21일, 프란츠 요제프 1세(Franz Joseph I)와 황후 엘리자베트(Elisabeth Amalie Eugenie v. Wittelsbach)의 외아들로 태어났다.

루돌프가 태어나기 1년 전에 그의 큰누이 조피(Sophie)가 부모와 함께 헝가리를 여행하던 중 장티푸스에 걸려 두 살의 어린 나이로 사망했다. 그 충격에서 벗어나지 못한 엘리자베트 대신 할머니 조피 프리데리케 대공비가 루돌프와 작은누이 기젤라(Gisela)를 데려가 키웠다. 시집살이에 힘겨워하던 엘리자베트는 장녀를 잃고 우울증이 심해져 둘째 딸과 아들까지 그냥 시어머니에게 맡기고는 아이들에게 관심을 끊어버렸다.

친손주들의 양육을 담당한 조피 프리데리케 대공비는 루돌프가 장차 황제가 될 몸이라는 이유로 일곱 살부터 군대식 교육을 받도록 했다. 교육 담당자로 임명된 레오폴트 그라프 곤드레쿠르(Leopold Graf Gondrecourt)

어린 루돌프 황태자

소장은 어린 루돌프를 비와 추위 속에 몇 시간이나 방치했고, 권총을 쏘아 아이를 깨웠으며, 라인처 동물원(Lainzer Tiergarten) 숲에 혼자 남겨두어 공황에 빠지게 하는 등의 과격한 방법으로 그를 훈련시켰다. 조피 프리데리케 대공비가 이런 교육의 탈을 쓴 학대에 동의한 것은 좀 둔감한 군인 체질의 프란츠 요제프 1세도 가혹한 훈련을 어떻게든 해냈으니 루돌프 역시 해낼 것이라고 믿었기 때문이다.

어린 루돌프에게서는 점차 입원 증후군(Hospitalismus)이 뚜렷하게 나타났다. 증상은 불안과 부정적 자세, 간병인에 대한 집착이었다. 그리고 그는 평생 히스테리적 죄책감과 병적인 자책감에 시달렸다.

이러한 가혹한 교육에 황후 엘리자베트가 강하게 반발했다. 루돌프가 받은 군대식 교육과 거기서 비롯된 문제가 얼마나 심각한지 알게 된 황후는 남편 프란츠 요제프 1세에게 강력히 항의했다. "루돌프의 교관을 교체하든가, 나를 황궁에서 내쫓든가!"

결국 프란츠 요제프 1세는 어머니를 설득해 곤드레쿠르 대신 그의 보좌관인 요제프 그라프 라투르 폰 툼부르크(Joseph Graf Latour v. Tv. Thumburg)를 새 교관으로 임명했다. 곤드레쿠르와는 달리 툼부르크는 루돌프의 자연과학에 대한 흥미를 북돋아주었다. 예를 들어, 독일의 동물학자 알프레드 브렘(Alfred Brehm)을 황궁으로 초청하여 루돌프를 가르치게 했다. 실제로 루돌프는 호기심이 많고 배우고자 하는 열망이 강했으며 이해력도 빨랐다. 어린 나이에 자유주의 사상을 접하면서, 시민왕 루이 필리프 1세를 이상적인 군주로 간주했고, 요제프 2세를 롤모델로 삼기도 했다.

스테파니 공주와 결혼

루돌프는 1881년 5월 10일, 벨기에의 스테파니(Stephanie) 공주와 결혼하게 되었다. 이 결혼은 프란츠 요제프 1세의 압력으로 이루어진 것이었고, 결혼식 장소도 그가 자주 머물며 좋아하던 락센부르크(Laxenburg)성이었다.

원래 프란츠 요제프 1세는 루돌프에게 적합한 가톨릭 신부를 맺어주려 했는데 선택의 폭이 그리 넓지 않았다. 그와 가장 절친한 작센 국왕 알베르트(Albert)의 질녀인 마틸다(Mathilda)가 유력한 후보였다. 마틸다는 지적이고 친화력이 있었으며, 인물 역시 그리 나쁜 편은 아니었다. 루돌 프는 작센 왕국의 수도 드레스덴에서 마틸다를 만나본 다음 날 바로 그 곳을 떠났는데, 이것은 마틸다가 자신에게 미흡하다는 것을 우회적으 로 표현한 것이라 하겠다.

다음으로 프란츠 요제프 1세는 비텔스바흐 가문의 공주를 신부 후보 로 꼽았지만, 비텔스바흐의 루트비히 2세와 그 동생 오토가 정신병력이 있었기 때문에 생각을 접었다.

이렇게 루돌프의 신부를 선택하는 과정에서 프란츠 요제프는 정작 당사자의 생각은 들어보려고도 하지 않았다. 그 자신이 황후 엘리자베 트를 선택했을 때와는 완전히 다른 태도였다.

스테파니의 아버지는 벨기에 국왕 레오폴드 2세, 어머니는 오스트리 아 황제 레오폴트 2세의 손녀인 마리 헨리에테(Marie Henriette)였다. 외향 적인 성격에 벨기에인들이 '브라반트의 장미'라 부르며 사랑하던 스테 파니는 오스트리아의 황태자비가 되어 신부의 방으로 아름답고 아늑한 별실을 기대했다. 그러나 4월 초순부터 개축 공사를 하고 가구를 새로 들였다는 방 열네 개는 숨쉬기도 힘들 정도로 곰팡이 냄새가 났고, 햇빛 도 들지 않아 어두컴컴했다. 분위기를 온화하게 해줄 꽃도, 식물도 없을 뿐더러 카펫도 화장대도 없었다. 욕실에는 등받이가 없는 세 발 의자에 세면대만 있었을 뿐이다. 브뤼셀의 사치스러운 생활에 익숙한 열일곱 살의 어린 신부는 첫날부터 빈 황궁을 이해하지 못하고 크게 실망했다.

이후 루돌프 황태자는 군 복무를 하기 위해 프라하로 가면서 신혼부 부는 얼마 동안 그곳에서 살았다. 이 시기에 두 사람 사이에는 빈번한 말다툼이 벌어졌다. 루돌프는 프란츠 요제프 1세의 허락으로 시작한 군

루돌프 황태자와 스테파니

복무에 관심을 보였고 개혁 사상을 지지했다. 그러나 스테파니는 개혁 사상에 동의하지 않았다. 1883년 9월 2일 락센부르크에서 딸 엘리자베트-마리(Elisabeth Marie)가 태어났다. 무려 26시간이나 걸린 난산이었다. 젊은 부부는 딸과 함께 빈으로 돌아왔다.

루돌프 황태자는 약물 중독에 가까웠다. 모르핀과 코카인 좌약을 상용했고, 아편을 넣은 물로 양치질을 했으며, 과음까지 했다. 성격은 감정 기복이 심했다. 그의 결혼생활은 파탄에 이르렀다.

보수적인 아버지는 정치에 관심이 많은 진보 성향의 아들을 모든 국정에서 철저히 배제했다. 이것은 프란츠 요제프 1세가 유럽의 다른 군주들처럼 후계자를 자기 편이 아닌 경쟁자로 보았기 때문이다. 프란츠 요제프 1세는 아들 루돌프뿐만 아니라 자신의 동생 막시밀리안도 위험 인물로 보고 피했다. 다른 동생 둘은 총독이나 보병연대 지휘자였지만, 막시밀리안은 트리에스테에 기지를 둔 외대박이 범선 미네르바호의 함장으로 임명해서 바다로 보내버린 것이다.

프란츠 요제프 1세는 큰아버지인 페르디난트 1세가 강제로 퇴위를 당했기에 자신이 제위에 오를 수 있었다는 것을 잘 알고 있었다. 그러므로 그 자신도 동생에게 권좌를 빼앗길까 봐 염려했다. 막시밀리안은 자유주의자가 아니었지만 형의 가혹한 통치에는 반대했고, 프란츠 요제프 1세의 측근들은 그 사실을 황제에게 신속히 보고했다. 따라서 프란츠 요제프 1세는 막시밀리안이 빈에서 활동하는 것도, 정치적 주목을 받는 것도 막았다.

자유주의뿐만 아니라 사회주의에도 관심을 보인 황태자 루돌프는 아버지에게서 방치된 채 1870년부터 자유주의 성향의 카를 폰 아우어스페르크(Karl v. Auersperg)가 이끄는 정부를 보며 성장했다. 처음에는 체코인들에게 호의적이었지만, 아우어스페르크 내각이 해산된 뒤 총리로 임명된 에두아르트 타페(Eduard Taaffe)의 교권주의적 체제를 싫어했으며, 칼만 티사(Kálman Tisza)의 비헝가리인 억압 정치에도 동의하지 않았다. 루돌프는 어머니 엘리자베트 황후처럼 헝가리인들을 사랑했으며 그들을 보다 이해하기 위해 헝가리어를 배우기도 했다.

1886년 2월 중순, 루돌프는 임질 진단을 받았다. 그는 코피아바 연고와 코카인 좌약 등으로 치료받았고, 회복을 위해 달마티아로 보내졌다. 그와 동행한 스테파니는 그에게 감염되어 불임이 되었다. 그런데도 스테파니는 아이를 낳지 못했다고 비난을 받았다. 당시 루돌프가 매독에 걸렸을 거라는 불확실한 추측을 하는 사람들도 몇몇 있는데, 의학사 연구자들은 가능성이 있다고 본다.

시간이 지날수록 루돌프 황태자는 스테파니 황태자비를 멀리했고, 두 사람 사이의 불화는 점점 심각해졌다.

불륜과 자살

루돌프 황태자는 1889년 1월 29일에서 1월 30일 사이, 빈에서 남서쪽으로 24킬로미터 떨어진 황실 사냥용 별장 마이어링(Mayering)성에서 머리에 총을 쏘아 자살했다. 17세의 마리 베체라(Mary Vetsera) 남작 부인도 같은 장소에서 사망했다.

몇 년 전, 루돌프 황태자는 사람이 죽는 모습을 지켜볼 기회를 노리고 있음을 친구에게 털어놓은 바 있었다. 당시 의사 진단서에 따르면, 마리 베체라는 루돌프 황태자가 쏜 총에 맞았다고 한다. 남작 부인이 실제로 머리에 총을 맞고 죽었다는 사실은 이후의 부검에서 확인되었다.

루돌프 황태자는 1888년 11월 5일 경마장에서 베체라 남작의 딸 마리 베체라를 처음 만났다. 엘리자베트 황후의 오빠 루트비히 빌헬름(Ludwig Wilhelm)의 딸로, 루돌프 황태자의 사촌인 마리 루이제 라리쉬 멘니히(Marie Louise Larisch v. Mönnich) 백작 부인이 그녀를 황태자에게 소개했고, 이후 두 사람은 긴밀한 사이가 되었다. 마리 베체라의 부친은 헝가리 하위 관료 집안 출신으로, 외교관 시보를 지내다가 카이로에서 사망했다. 어머니 엘레나 발타치(Elena Baltaci)는 스미르나(Smyrna, 현재 튀르키예 이즈미르) 출신의 부유한 은행가 발타치(Baltaci)의 딸이었다. 남편이 카이로에서 사망하자 베체라 남작 부인은 마리 남매와 함께 빈으로 돌아왔다. 빈 사교계에 등장한 마리 베체라는 큰 환영을 받았다. 당시 황제는 빈 중심가의 낡은 성벽을 허물고 그 자리에 링슈트

마리 베체라

라세(Ringstrasse), 즉 원형 순환도로를 건설하면서 도시를 근대화하는 프로젝트를 진행하고 있었는데, 이 변화의 시기를 빈 링슈트라세 시대라고 한다. 마리 베체라는 빈 링슈트라세 시대의 젊은 숙녀로서 호프부르크 황궁에서뿐만 아니라 경마장, 오페라, 무도회에서 주목받았다. 가무잡잡한 피부에 동양적 풍요함을 풍기는 마리 베체라는 황궁 사람들의 시선을 받기에 충분했다.

루돌프 황태자와 마리 베체라의 연애는 1888년 말부터 1889년 1월 30일 마이어링의 비극까지 이어졌다. 황태자에게 마리 베체라는 여러 번의 연애 중 한 번의 상대에 불과했다. 스테파니는 남편의 여성 편력을 보고받고 있었고 마리 베체라와의 스캔들 정도는 별로 신경도 쓰지 않

앉다. 궁정 오페라가 있던 1889년 1월 24일 저녁, 마리 베체라는 화려한 옷차림으로 스테파니와 루이제 폰 코부르크(Luise v. Coburg)가 앉아 있는 황제 좌석 맞은편에 매우 도전적인 모습으로 나타났다. 신하들은 추문을 두려워했으나, 스테파니는 어린 마리 베체라를 연적으로 인정하지 않고 그저 무시해버렸다.

그리고 사흘 후인 1889년 1월 27일 독일대사관에서의 공식 영접 행사에서, 마리 베체라는 스테파니가 더는 모욕을 참을 수 없을 만큼 당돌하게 황태자비에게 도전했다. 이때 황태자비는 귀부인들의 인사를 받기 위해 홀을 지나가고 있었다. 길게 줄지어 선 귀부인들 사이에 마리 베체라가 서 있었다. 좌우에는 공주, 백작 부인, 남작 부인들이 궁중 예법에 따라 몸을 깊이 숙이고 있었지만, 마리 베체라만이 승리에 찬 미소로 스테파니를 가만히 응시했다. 너무나도 놀란 베체라 남작 부인은 최후의 순간, 딸을 형식적으로라도 바닥에 꿇도록 했다. 베체라 가문이 황제의 찌푸려진 눈살만으로도 사회적으로 완전히 매장될 수 있다는 것을 너무나 잘 알고 있었기 때문이다. 자신이 스테파니와 동등한 라이벌이라고 생각한 건 정신 나간 마리의 착각일 뿐이었다.

이 시기 프란츠 요제프 1세와 루돌프 황태자 사이의 불화는 이전보다 심해져 있었다. 루돌프 황태자는 교황 레오 13세(1878~1903)에게 스테파니 공주와의 결혼을 무효로 해달라고 요청했지만 교황이 그 청원서를 프란츠 요제프 1세에게 되돌려보내는 바람에 황제와 황태자 사이의 관계는 더욱 악화되었다.

교황에게 보낸 청원서가 되돌아온 날 저녁 프란츠 요제프 1세는 새로 부임한 독일 대사를 영접하는 행사에 참석하고 있었다. 루돌프 황태

자가 황제에게 허리를 굽혀 인사하자, 황제는 등을 돌렸으며, 황태자
는 그 자리에 모인 손님들이 놀라 웅성거리는 소리를 들으며 연회장을
도망치다시피 떠났다. 그리고 그날 저녁 황태자는 언론인 모리츠 셉스
(Moritz Szeps)에게 말했다. "황제가 나에게 공공연히 창피를 주었소. 이제
부터 우리 관계는 모두 깨졌소. 이제부터 나는 자유요!"

셉스는 루돌프 황태자가 자살한 건 정치적 좌절로 인한 우발적 행동
이라고 주장했다. 독일제국에서 자신보다 어린 빌헬름 2세가 황제가 된
사건이 계기였다는 것이다. 실제로 루돌프는 빌헬름이 황제로 등극하
여 거대 제국을 누구의 제재도 없이 통치하는 것에 충격받았을 뿐만 아
니라 자기에게는 가까운 시일 내에 그럴 일이 없으리라는 것에 절망했
다.

이렇게 루돌프 황태자의 향후 행보에 큰 영향을 준 빌헬름은 소란스
럽게 들끓으며 팽창하는 독일제국에서 성장했다. 그는 뛰어난 말재간
과 부드러운 태도를 지녔지만, 반면에 참을성이 없고 불안정한 성격의
소유자였다. 독일제국의 재상 비스마르크의 평가에 따르면, "빌헬름은
성미가 급해서 입을 다물어야 할 때 다물 줄 모르며, 아첨에 귀가 얇아
짐작하지도 원하지도 않는 가운데 독일을 전쟁에 빠뜨릴 수도 있는 인
물"이었다. 빌헬름은 할아버지 빌헬름 1세와 달리 막후에 머무르려고
하지 않았다. 실제로 그는 즉위한 직후부터 자신을 공인으로 인식했다.
프리드리히 3세의 장례를 치르고 몇 시간 뒤, 비스마르크는 젊은 황제
를 알현하면서 전혀 다른 바람이 불고 있다는 것을 실감했다. 빌헬름 2
세는 고개를 뒤로 젖히고 당당한 자세로 73세의 재상에게 충성 맹세로
자기 손에 입을 맞추라고 했다. 빌헬름 2세가 손을 워낙 낮게 든 탓에 비

스마르크는 그 손에 입술이 닿도록 허리를 매우 깊숙이 숙여야 했다.

빌헬름 2세는 외모에 까다로울 정도로 신경 썼고, 어떤 행사에 참석하느냐에 따라 각종 의상을 자주 갈아입었으며, 콧수염은 특수한 왁스를 발라 빳빳하게 모양을 만들었다. 이런 모습으로 국가 공식 행사에 참석할 때는 근엄하고 진지한 분위기였다. 오른팔보다 왼팔이 짧은 게 콤플렉스여서 어지간하면 손을 바지 주머니에서 꺼내지 않았다. 또 보수주의자나 사회주의자들이 쿠데타를 일으켜 자신을 쫓아낼지도 모른다는 '퇴위 콤플렉스'에도 시달렸다.

셉시의 분석과는 달리, 루돌프 황태자가 마리 베체라를 만나기 전부터 이미 일종의 죽음 숭배에 도취한 상태였다는 주장도 있다. 마리 베체라가 예전 가정교사에게 보낸 편지에도 황태자의 책상에서 두개골 모형과 장전된 권총을 발견했다는 이야기가 적혀 있다. 당시 빈은 유럽에서 자살률이 가장 높은 도시였다. 시험에 낙방한 학생, 첫사랑에 실패한 아가씨, 증권이 폭락해서 낙담한 젊은이들이 자살로 생을 마감했다. 빈의 지식인들은 "사리분별이 없는 사람만이 자살한다"라는 다소 자극적인 말로 당시 유행하던 자살 증후군을 완화시키려 했지만, 별 효과를 거두지 못했다.

마리 베체라는 순진하고 아무것도 모르는 어린 소녀가 아니라 루돌프에 맞먹을 만큼 정신건강에 문제가 있었다. 애초에 유부남인 황태자를 열성팬처럼 쫓아다닌 것부터가 정상이 아니었다. 그것도 단순한 동경이 아니라 사심을 품고 쫓아다닌 것이었다. 멘니히 백작 부인을 통해 황태자의 근황을 알아내서 먼저 접근한 것도 마리였다. 그녀가 적극적으로 달라붙자, 죽음을 꿈꾸던 루돌프가 그녀를 동반자살에 활용한 것이다. 실제로 루돌프 황태자는 만나는 여자마다 동반자살을 하자고 권유했는데, 황태자를 열렬히 흠모하던 마리 베체라가 그 제안을 흔쾌히 승낙했던 것이다.

마이어링의 비극 이후

가톨릭에서 자살은 범죄였지만 빈 궁정 의사들은 황태자의 시신을 부검하여 그 범죄가 '정신적 혼란 상태'로 인한 병적 상태에서 발생했음을 증명했다. 이로써 루돌프 황태자의 장례와 매장은 교회 의식에 따라 치러졌다.

마리 베체라는 하일리겐크로이츠(Heiligenkreuz) 수도원으로 옮겨져 시토수도회가 운영하는 묘지에 묻혔다. 그녀는 사후에도 많은 우여곡절을 겪었다. 1945년 소련군이 빈을 점령했을 때 그녀의 관은 파헤쳐졌고, 이때 두개골에 총상 흔적이 없었다는 것이 밝혀졌지만, 정확한 진상을 밝히기 위한 조사는 진행되지 않았다. 이후에도 그녀의 유골은 누군가에게 훼손당하는 수모를 겪었다.

루돌프의 외사촌 멘니히 백작 부인은 마리 베체라를 황태자에게 소개해준 대가를 톡톡히 치러야 했다. 프란츠 요제프 1세와 황후 엘리자베트의 분노를 사 더는 오스트리아 황궁과 사교계에서 활동할 수 없게 되었을 뿐만 아니라 멘니히 백작과도 이혼하게 되었다. 조카를 아꼈던 엘리자베트 황후는 큰 충격을 받아 이후 오스트리아 황궁에서 멘니히 백작 부인은 영영 이름조차 불러선 안 될 인물이 되었다.

마이어링의 사냥 별장

1889년 2월 초부터 루돌프 황태자와 마리 베체라에 대한 보도가 쏟아졌다. 독일 언론, 특히 대중지에 집중적으로 기사가 실렸다. 오스트리아-헝가리제국에서는 제국 및 왕립 지방법원의 결정으로 2월 15일부터 언론 보도가 차단되었지만 오스트리아인들은 마이어링의 사냥 별장에서 실제로 무슨 일이 일어났는지, 루돌프 황태자의 사망 원인이 무엇인지 정확히 알 수 있었다. 그들은 오스트리아가 아닌 독일의 여러 곳에서 나온 책들을 통해서였다.

루돌프 황태자가 죽던 날 밤의 정확한 행적은 여전히 불분명하다. 루돌프의 시종인 요한 로셰크(Johann Loschek) 등의 증인들이 평생 침묵을 지키거나 모순된 진술을 했기 때문이다. 로셰크는 루돌프 황태자와 마리 베체라가 밤새 진지하게 이야기를 나누었지만 대화 내용에 대해서는 알 수 없다고만 말했다.

사건 당일인 1월 30일 오전 7시 10분, 루돌프 황태자가 옷을 갖춰 입고 로셰크의 방으로 와서 말을 마차에 매라고 명령했다. 로셰크가 마차 준비를 하러 궁 밖으로 나가기 직전 두 번의 폭발음이 울렸다. 그는 즉시 화약 냄새를 따라 황태자의 침실로 달려갔다. 그런데 침실은 평상시와는 달리 굳게 닫혀 있었기 때문에 열쇠를 가지러 갔다 와야 했다.

오스트리아에서는 황태자의 자살과 관련된 모든 문서가 파기되었다. 그러나 자살한 방에 남겨진 루돌프 황태자와 마리 베체라의 유서가 남겨진 것은 나중에 알려졌다. 2015년 그동안 익명으로 보관되던 쉴러 은행(Schoeller Bank)의 기록보관소에서 베체라의 편지가 실제로 발견되었다.

어머니와 자매에게 보내는 편지에서 그녀는 짧게 밝혔다. "부디 제 행동을 용서해주세요. 저는 사랑에 저항할 수 없습니다. 이런 상황에서 사느니 오히려 죽는 것이 행복할 듯합니다."

루돌프도 자살하기 전 아내에게 작별 편지를 썼다. 황태자와의 결혼에서 비롯된 불행에서 벗어나 행복한 생활을 찾으라는 내용이었다. 이 서신은 스테파니의 자서전을 통해 루돌프의 여러 장의 유서 중 유일하게 공개된 것이다. 그녀는 자서전에서 루돌프의 여자관계를 털어놓기도 했다. "전날까지 같이 있던 미치 카스파(Mizzi Kaspar)라면 몰라도, 베체라는 또 누구일까." 이런 내용을 보면 스테파니가 신경 쓰던 연적은 따로 있었던 모양이다. 아니면 황태자의 진정한 연인으로 인정받기 위해 애썼고 동반자살까지 불사한 마리 베체라를 비웃기 위해 그렇게 썼든가.

실제로 미치 카스파는 루돌프 황태자의 오랜 연인으로, 당시 스물넷 나이에 빈의 유명한 접객업소에서 일하는 매춘부였다. 상류층을 상대로 영업하는 그 접객업소에는 공주 대접을 받을 만큼 아름답고 젊은 여자들이 많았다. 에스파냐 남서부 세비야에서 온 듯한 흑발의 미녀라든가, 동화 속에서 튀어나온 것 같은 금발이 치렁치렁한 여인이라든가. 당시 빈에는 대략 2만 명의 일반 매춘부와 4,000명의 고급 매춘부, 그리고 12,000명의 매독 환자가 있었다.

루돌프 황태자는 미치 카스파와 함께 자살하고 싶어 했지만, 그녀는 황태자와의 동반자살은 생각도 하지 않았다. 그래도 황태자가 자살하려 한다고 경찰에 신고하긴 했다. 별 소용은 없었지만. 루돌프 황태자는 1889년 1월 27일부터 28일까지 빈에서의 마지막 밤을 그녀와 함께 보냈고, 1월 29일 아침에 마이어링으로 출발한 것이다. 루돌프 황태자는 유언장에서 미치 카스파에게 3만 길더의 유산을 남겼다.

스테파니는 루돌프가 죽고 홀로 지내다가 1900년 헝가리 귀족과 재혼했다. 제국의 전 황태자비가 일개 귀족과 결혼하겠다고 하니 벨기에의 레오폴트 2세도, 오스트리아 황실도 곤혹스러워했다. 그러나 루돌프 때문에 마음 고생을 많이 한 스테파니는 결혼을 강행했고, 어쩔 수 없이 결혼을 허락한 레오폴트 2세는 이후 딸과의 인연을 끊었다.

루돌프 황태자의 자살 이후 프란츠 요제프 1세의 동생 카를 루트비히 대공이 제위 계승자로 지목되었다. 그러나 독실한 기독교 신자였던 카를 루트비히는 1896년 성지순례에 나섰다가 요르단강 물을 마신 후 이질에 걸려 죽고, 그의 아들인 프란츠 페르디난트가 제위를 이을 후계자가 되었다. 루돌프 황태자가 살아 있을 때 프란츠 페르디난트는 그의 친밀한 벗이었다. 둘은 함께 엉뚱한 장난을 쳐서 제국의회를 소란스럽게 했고, 미치 카스파와도 함께 어울렸다. 당시 황실의 성적 문란함이 그 정도였다. 그러나 루돌프가 죽자 프란츠 페르디난트는 책임감을 느겼고, 1892년부터 1893년까지 세계 일주를 한 후 계승자로서의 임무를 성실히 수행했다.

물론 가능성은 희박했지만 프란츠 요제프 1세가 아들을 낳을 수도 있었기 때문에 프란츠 페르디난트는 아직 프란츠 요제프 1세의 법적 추정 상속자는 아니었다.

왕가의 결혼은 다르다

합스부르크 가문과 호엔촐레른 가문의 통치자
와 후계자들의 결혼은 대부분 강요에 의한 정략
결혼, 좋게 말해서 중매결혼이었지만, 마리아 테
레지아와 프란츠 슈테판처럼 중매로 시작되었
다가 연애결혼으로 성사되는 예도 있었다. 여기
서는 정략결혼의 대표적 사례인 프리드리히 2
세와 엘리자베트 크리스티네의 결혼, 그리고 중
매에서 비롯되었지만 연애결혼으로 간주된 마
리아 테레지아와 프란츠 슈테판의 결혼을 살펴
보자. 마리아 테레지아의 아들 요제프도 어머니
처럼 이사벨라와 중매로 만나 정혼했지만, 결혼
직전에는 연애 분위기가 무르익었다.

1

베를린의 쇼윈도 부부

프리드리히 2세와 엘리자베트 크리스티네

1732년, 노이루핀에서 연대장으로 근무하던 프리드리히에게 부친 프리드리히 빌헬름 1세는 결혼을 명령한다. 프리드리히 역시 자신의 결혼이 개인적 문제가 아니라는 것을 알고 있었지만, 아버지가 지목한 신부 후보가 딱 한 명일 줄은 몰랐다.

프리드리히 빌헬름 1세는 1731년에는 딸 빌헬미네에게도 결혼을 지시했다. 신랑감은 호엔촐레른 가문의 방계인 바이로이트 변경백이었다. 이전에는 영국의 왕세자와 혼담이 오가더니, 크게 격이 낮아진 것이다.

1732년 2월 초 프리드리히 빌헬름 1세가 아들에게 편지로 알려준 신붓감은 브라운슈바이크-볼펜뷔텔-베베른(Braunschweig-Wolfenbüttel-Webern) 대공 페르디난트 알브레히트 2세(Ferdinand Albrecht II)와 안토이네테 아말리에(Antoinette Amalie v. Braunschweig-Wolfenbüttel)의 딸, 엘리자베트 크리스티네 대공녀였다. 그녀는 신성로마제국 황제 카를 6세의 조카딸이기도 했다.

당시 프리드리히 빌헬름 1세는 엘리자베트 크리스티네가 "외모는 평범하지만 매우 독실한 기독교 신자"라고 했다. 그리고 프리드리히가 그녀와 결혼하면 독립된 가정을 꾸릴 수 있는 권한과 거주할 수 있는 성을 주겠다고 약속했다. 프리드리히는 부친의 편지를 서너 번 되풀이해 읽었다. 아버지가 그의 신부를 이미 결정해뒀다는 걸 깨달았지만, 반대할 수가 없었다. 당시 프리드리히는 주변 사람들에게 엘리자베트 크리스티네보다 작센-아이제나흐나 메클렌부르크의 대공녀가 낫겠다고 말하기도 했다.

어쨌든 프리드리히는 부친에게 답장을 보냈다. 결혼하기 전에 신부를 한번 만나게 해달라는 것이었다. 그때 프리드리히는 부친의 신임을 받는 최측근 그룸브코를 자기 편으로 끌어들여야 한다는 절박한 과제를 가지고 있었다. 그룸브코의 도움을 받는다면 자신의 행보가 다소 여유로워질 거라고 판단한 그는 그룸브코와의 관계를 개선하기 위해 여러 가지로 노력하는 중이었다. 엘리자베트 크리스티네와의 결혼에 동의한 후 그룸브코에게 여러 번씩 편지를 보내기도 했다. 모험에 가까운 행동이었지만, 그룸브코의 반응은 의외로 긍정적이었다.

1732년 2월 19일 그룸브코에 보낸 서신을 보면 프리드리히의 속내가 가감 없이 드러나 있다. 이는 그동안 그가 그룸브코와의 관계 개선을 위해 기울인 노력이 어느 정도 효과를 거두었음을 보여준다. "나는 앞으로 평생 불행하게 살 것 같소. 이렇게 불행 속에서 살아야 하는 것이 내 운명이겠지. 이 운명에서 벗어날 수 있는 유일한 방법은 자살뿐이오. 내 처지는 에스파냐의 돈 카를로스(Don Carlos)와 다를 바가 없소."

프리드리히가 말한 돈 카를로스는 펠리페 2세(Felipe II, 1556~1598)의 아들이다. 어머니인 마리아 마누엘라(Maria Manuel de Portugal)는 그를 낳고 나흘 만에 죽었기 때문에 어린 돈 카를로스는 어머니의 따듯한 정도 느끼지 못하고 성장했다. 부친 펠리페 2세는 네 번 결혼했는데 18세 연하의 세 번째 부인인 엘리자베트 드 발루아(Élisabeth de Valois)는 프랑스의 왕 앙리 2세(Henri II, 1547~1559)의 막내딸로서 본래 돈 카를로스와 혼담이 오갔던 상대였다. 돈 카를로스는 동갑내기 의붓어머니에게 호감을 느꼈고 펠리페 2세는 두 사람 사이를 의심했으나 부정의 증거는 없었다.

1564년 19세의 돈 카를로스는 국가자문회의 일원으로 조금씩 국정에 관여하기 시작했지만, 펠리페 2세는 아들의 능력에 매우 회의적이었다. 여기서도 유럽 왕실에서 흔히 볼 수 있는 부자간의 경쟁 관계가 나타났다. 펠리페 2세와 돈 카를로스의 관계는 점점 나빠져서 돈 카를로스는 아버지로부터 위해를 당할지도 모른다는 두려움 때문에 방문을 안에서 잠글 수 있는 자물쇠를 달았고, 베개 밑에 칼과 총을 숨겨두기도 했다. 그것으로도 모자라 에스파냐를 떠나 네덜란드로 탈출할 계획까지 세웠지만, 펠리페 2세에게 바로 들켜버렸다.

1568년 1월 18일, 펠리페 2세는 돈 카를로스가 숨겨둔 무기를 빼앗고 그를 방에 가두고 창문에 못질을 했다. 구금된 돈 카를로스는 다이아몬드 반지를 삼켜 목숨을 끊으려고 했지만 실패했다. 펠리페 2세는 왕세자의 천성적 결함 및 자질 부족 때문에 그를 가뒀다고 밝혔다. 같은 해 7월 24일 돈 카를로스는 그의 방에서 소화장애와 그 후유증으로 사망했다.

프리드리히는 그룸브코에게 보낸 편지 말미에 썼다. "내가 자살하더라도 아량이 넓으신 신께서는 내 영혼을 구원해주실 거요. 신께서는 비참하게 살아가는 나를 동정하실 테니까. 나와 같은 젊은 청년의 피가 70

대 노인의 그것처럼 활력을 잃는다면 그건 인생의 의미를 상실한 것으로 보아야 하오."

그룸브코는 프리드리히의 편지에 대해 프리드리히 빌헬름 1세에게 보고하지 않았다.

조피 도로테아는 프리드리히 빌헬름 1세가 결정한 프리드리히의 신부를 드러내놓고 싫어했다. 그녀는 본 적도 없는 엘리자베트 크리스티네를 장녀 빌헬미네와 비교하며 헐뜯었다. 엘리자베트 크리스티네는 매우 어리석고 교육을 전혀 받지 않았다며, 총명한 아들이 그런 여자와 어떻게 결혼생활을 해야 할지 두렵다고 했다.

프리드리히의 여동생들도 엘리자베트 크리스티네를 깎아내렸다. 엘리자베트 크리스티네가 약혼식을 위해 베를린 왕궁에 머무르고 있을 때의 일이다. 공주들 중 누군가가 식사 자리에서 자신이 2월 8일 아침에 예비 올케 엘리자베트 크리스티네를 방문했을 때의 일을 주변 사람들이 모두 들을 수 있도록 큰 소리로 떠들었다. 침대에서 일어난 엘리자베트 크리스티네가 예비 시누이에게 아침 인사를 하면서 짧게 이야기를 나눴는데, 그녀에게서 나는 냄새가 어찌나 심했는지 몸에 누공(瘻孔)이 열 개쯤, 아니 열두 개쯤은 있는 것 같았다는 것이다. 공주들 중 누가 이런 막말을 했는지는 밝혀지지 않았지만, 나이로 보아 그런 말을 할 만한 사람은 프리데리케(1714년생), 필리피네 샤를로테(1716년생), 그리고 조피 도로테아(1719년생)로 압축된다. 당사자인 엘리자베트 크리스티네 역시 누가 그런 말을 했는지 알고 있었지만, 실명을 거론하지는 않았다.

약혼하기 전 프리드리히는 프리드리히 빌헬름 1세가 시키는 대로 그녀를 만나기 위해 브라운슈바이크로 가려고 했지만, 그 시점에 급성 임질에 걸리고 말았다. 드레스덴에서 만난 거리의 여인으로부터 옮은 것 같다. 다급해진 그는 당시 사촌 브란덴부르크-슈베트 변경백(Markgraf v. Brandenburg-Schwedt)에게 상황을 털어놓고 그가 소개한 비뇨기과 전문의 말호(v. Malchow)의 치료를 받기로 했다. 며칠 간의 집중 치료 후 프리드리히는 성병이 다 나은 것으로 믿고 브라운슈바이크로 떠났다.

브라운슈바이크에서 프리드리히가 예비 신부를 만나는 동안 프리드리히 빌헬름 1세는 의외의 봉변을 당했다. 브라운슈바이크 궁전의 좁은 계단에서 한 여성과 우연히 마주쳤는데, 그녀는 왕비 조피 도로테아의 궁녀 판네비츠(v. Pannewitz) 부인으로 프리드리히 빌헬름 1세는 꽤 오랫동안 교양 없고 상스러운 방법으로 그녀에게 추근대고 있었다. 타지에서 흠모하던 여성과 딱 마주친 프리드리히 빌헬름 1세는 바로 그녀의 가슴을 재빨리 움켜쥐었다가 따귀를 얻어맞았다. 코와 입에서 피가 터졌다. 호되게 당한 그는 다시 '미덕의 길'로 돌아갔고, 이후 판네비츠 부인을 '악녀'라고 불렀지만, 그녀에게 아무런 법적 조치도 취하지 못했다.

프리드리히 빌헬름 1세가 자신을 악녀라고 부르든 말든 판네비츠 부인은 아무런 반응도 보이지 않았다. 남편이 브라운슈바이크에서 추태를 보였다는 소식을 전해들은 조피 도로테아는 심각하게 이혼을 고려했다. 이 사실은 그녀의 딸 루이제 울리케(Luise Ulrike)의 회고록에서 밝혀졌다. 아들의 국외 탈출 사건으로 움츠러들어 있던 조피 도로테아는 이 판네비츠 사건을 계기로 다시 기세를 펴게 되었다.

부친이 정해준 신부감인 엘리자베트 크리스티네는 예상과는 달리 매력적이고 아름다웠다. 프리드리히와 엘리자베트 크리스티네는 적지 않은 시간을 같이 보낼 정도로 친해졌다. 그러나 행복은 임질의 재발로 끝나고 말았다. 병은 프리드리히의 목숨까지 위협하게 되어 생식기가 약간 변형되는 절단 수술이 필요해졌다. 결국 프리드리히는 수술을 받았다. 의사는 생식기 일부가 절단되었지만, 앞으로 성생활에는 지장이 없을 거라고 했다.

그러나 수술로 인해 프리드리히의 성격은 완전히 바뀌었다. 편협하고, 소심하고, 교활하고, 악의적인 성격이 되었다. 성적 능력은 훼손되지 않았는데도 프리드리히는 생식기 일부가 절단된 것에 심한 열등감을 가지게 되었고, 그로 인해 그는 이성보다는 동성에게 관심을 가지게 되었다. 1786년 8월 17일 프리드리히 2세가 사망한 후 시신을 안치하기 전에 마지막으로 점검한 외과의사 고틀리프 엔겔(Gottlieb Engel)은 프리드리히 2세의 생식기가 건강한 성인 남자의 그것과 별 차이가 없다는 결론을 내렸으니, 생식기 절단 수술 이후 프리드리히 2세가 가졌던 열등감은 주관적 판단에서 비롯된 것이라 하겠다.

실제로 프리드리히는 사람이 달라진 것처럼 행동했다. 엘리자베트 크리스티네를 멀리했고, 부친의 강요로 이루어진 결혼을 받아들일 수 없다고 강경하게 주장하기도 했다.

1733년 2월 10일, 프리드리히와 엘리자베트 크리스티네의 약혼식이 거행되었다. 이때 흘린 프리드리히의 눈물은 기쁨의 눈물이 아니었다. 이 결혼의 성사를 위해 깊이 관여한 베를린 주재 오스트리아 대사 제켄도르프 역시 프리드리히의 눈물이 어떤 의미인지 알아채고 두 사람의 결혼생활이 앞으로 순탄하지 못하리라고 예측했다. 실제로 프리드리히는 약혼식 이후 진행된 연회에서 엘리자베트 크리스티네를 외면하고 다른 아름다운 여인들과 대화했다.

프리드리히는 약혼식에 앞서 여동생에게 엘리자베트 크리스티네의 장단점을 자세히 적은 편지를 보냈다. 프리드리히가 생각한 예비 신부의 장점은 아름다운 얼굴, 금발, 아름다운 혈색, 그리고 마른 체형이었다. 단점은 움푹 들어간 눈, 못생긴 입, 고르지 못한 치아, 불쾌한 웃음소리, 오리걸음 등이었다. 아울러 교육을 제대로 받지 않았다는 것과 대화 중에 신경질적 반응을 보이는 것도 단점으로 꼽았다.

프리드리히는 빌헬미네에게 보내는 서신에서도 예비 신부에 대한 불만을 늘어놓았다. 자신은 엘리자베트 크리스티네와의 약혼으로 마치 선페스트 환자처럼 고통받고 있다고 했다. 남동생과 마찬가지로 강제로 결혼한 빌헬미네 역시 결혼에 불만이 많았으므로 자기도 같은 생각이라는 답장을 보냈다.

그러나 엘리자베트 크리스티네는 호의적이고, 친절하고, 예의 바르고, 겸손한 여성이었다. 프리드리히는 편지에서 그가 엘리자베트 크리스티네를 신부로 인정하지 않는 것은 아버지가 일방적으로 결정한 혼담이기 때문이라고 밝혔다. 자신이 성병에 걸려 생식기 일부를 절단했다는 말은 하지 않았다.

같은 해 6월 12일 프리드리히는 잘츠달룸(Salzdahlum)성에서 엘리자베트 크리스티네와 결혼했다. 1735년 프리드리히 빌헬름 1세는 며느리인 엘리자베트 크리스티네에게 생일 축하 선물을 보내면서 가까운 시일 내에 건강한 남자아이를 낳기를 기원한다고 덧붙였다.

1736년 8월 21일, 프리드리히는 엘리자베트 크리스티네와 같이 부친이 약속대로 선물한 루핀 근처의 라인스베르크성으로 거주지를 옮겼다. 베를린 주재 오스트리아 대사 제켄도르프의 조카가 1734년부터

프리드리히 2세

1737년까지 베를린에 체류하면서 일기장에 젊은 왕세자 부부의 신혼생활에 대해 자세히 기록했다. 그는 프리드리히 왕세자의 측근은 아니었지만, 왕세자와도, 프리드리히 빌헬름 1세와도 자주 만났다. 또한 왕세자의 최측근인 슐렌부르크(Ludwig Schulenburg) 백작과 바르텐스레벤(Friedrich v. Wartensleben) 백작으로부터 왕세자의 은밀한 사생활을 전해 들은 것을 요약해서 일기에 남겼다. 일기에 따르면 프리드리히 왕세자와 엘리자베트 크리스티네가 다른 신혼부부들과 마찬가지로 자주 부부관계를 했다고 한다. 이는 프리드리히가 생식기 일부를 절단한 후 부부관계를 멀리했다는 주장과는 대치된다. 그렇지만 제켄도르프가 비공개 기록물인 일기에 과장이나 조작된 이야기를 쓰지는 않았을 테니 믿지 않을 수도 없다.

프리드리히는 1740년 부친이 사망할 때까지 라인스베르크성에서 머물렀고 철학 및 역사와 관련된 책을 많이 읽었다. 그러면서 크노벨스도르프(Georg Wenzeslaus v. Knobelsdorff), 요르단(Charles Etinne Jordan), 푸케(Heinrich August de la Motte Fouqué), 줌(Friedrich v. Suhm) 등 문필가나 예술가들과 자주 만

나며 문학에 관한 관심을 키
웠다. 1738년에는 〈플루트 소
나타 h단조 122번(Flötensonate
h-moll Nr.122)〉을 작곡하기도
했다. 라인스베르크에서 소규
모 악단을 만들어 자작곡이나
다른 작곡가들의 작품을 매일
저녁 연주했는데 그 자신도
플루트 연주자로 참여했다.

라인스베르크 시기 프리드
리히와 엘리자베트 크리스티
네 사이는 그리 나쁘지 않았
다. 실제로 프리드리히는 왕

엘리자베트 크리스티네

세자빈을 정중하고 친절하게 대우했다. 그러나 이것은 프리드리히 빌
헬름 1세가 사망하기 직진까지만 유효했다. 실제로 프리드리히가 부친
으로부터 왕위를 계승한 이후부터 그와 엘리자베트 크리스티네 사이의
관계는 급변했다. 1740년 5월 31일 프리드리히 2세는 엘리자베트 크리
스티네에게 까다로운 행동 지침을 편지로 보냈다. 그녀가 어디를 가야
하고, 무엇을 해야 하는지 시시콜콜 정해놓은 그 편지는 엘리자베트 크
리스티네가 프로이센 왕비라는 칭호와 더불어 기대했던 것과는 너무도
동떨어진 것이었다.

엘리자베트 크리스티네가 프리드리히 2세의 이러한 돌발적 행동이
성병으로 인한 것임을 알고 있었는지는 확인할 수 없다. 그녀가 주변 인

물들에게 보낸 서신에 그에 대한 언급이 전혀 없는 걸 보면 전혀 모르고 있었다는 추측이 가능하지만, 그 가능성은 매우 희박하다. 그들은 왕세자 시절부터 다른 신혼부부들과 마찬가지로 자주 부부관계를 했기 때문이다.

엘리자베트 크리스티네는 차츰 공식적인 사교 활동에서 배제되었다. 자신이 일종의 회색지대로 옮겨지고 있다는 것을 그녀도 깨달았다. 그녀에게 남은 건 왕비로서의 형식적 권한과 상징뿐이었다. 얼마 후에는 거처도 베를린 북쪽에 있는 쇤하우젠(Schönhausen) 궁전으로 옮겨야 했다. 당시 유럽의 군주들은 왕비와 같은 방을 쓰진 않았어도 같은 궁전에서 지냈다. 그런데 프리드리히 2세는 엘리자베트 크리스티네를 작은 별궁으로 보내버린 것이다.

1740년 6월 28일 엘리자베트 크리스티네는 오빠 카를 대공에게 보낸 편지에서 자신의 처지를 자조적으로 토로했다. "남편을 비롯한 왕실 가족들은 내가 무엇에 시달리고 있는지 모를 뿐만 아니라 관심도 없답니다. 이 고통은 오직 신만이 알고 있는 것 같네요."

1744년 5월 그녀는 사촌 페르디난트에게도 편지를 보내 불편한 생활에 대해 더 자세히 전했다. 프리드리히 2세를 비롯한 왕실 가족들이 즐거운 시간을 보내는 동안 자신은 작고 낡은 궁전에서 매일 죄인처럼 홀로 지낸다는 것이다. 고독하고 무료한 생활을 극복하기 위해 그녀는 아침부터 저녁까지 책을 읽거나, 가사 노동을 하거나 무명의 연주자들을 틈틈이 불러 음악을 들었다. 페르디난트로부터 서신을 받는 날은 온종일 기뻤고 답장을 쓸 때도 기분이 좋아진다고 했다.

왕비에게 배정되는 예산이 넉넉지 않아 엘리자베트 크리스티네는 쇤하우젠 궁전에서 긴축 생활을 해야 했다. 프리드리히 2세와도 만날 수 없었다. 그런데 프리드리히 2세는 당시 사이가 좋지 않은 부부들이 선택하는 방법을 쓰지 않았다. 즉 엘리자베트 크리스티네와 이혼하지도 않았고 그녀를 왕국에서 추방하지도 않았다. 더욱이 따로 정부를 들이지도 않았다. 아마 그의 동성애적 기질 때문일 것이다. 프리드리히 2세는 엘리자베트 크리스티네에게 요구한 건 일종의 '가사 상태'였다. 가끔 안부 편지를 보내고, 그녀가 긴축 생활을 하다가 빚을 지면 금전적 지원을 하는 등 최소한의 배려를 했다.

2
공주의 첫사랑
마리아 테레지아와 프란츠 슈테판

공주의 신랑감 찾기

오스트리아의 카를 6세는 유럽의 여러 나라에 파견한 외교관들을 활용해서 큰딸 마리아 테레지아의 신랑감을 찾으려고 했지만, 마음에 딱 드는 인물이 없었다. 그러다가 에스파냐와 관계를 개선하기 위해 펠리페 5세의 아들들과 자신의 두 딸을 맺어주면 어떨까 생각했다.

이때 오스만튀르크와의 전쟁을 승리로 이끈 오이겐 대공은 왕위계승권을 둘러싼 상황들을 먼저 고려해야 하니 비텔스바흐 가문의 바이에른 공국과 결합하는 게 최선책이라고 주장했다. 마리아 테레지아가 바이에른 선제후의 아들과 결혼한다면 바이에른과 오스트리아는 합병될 것이고 그러면 신성로마제국에서 오스트리아의 위상이 크게 올라갈 수 있다는 것이다. 반면 카를 6세의 시종장 바르텐슈타인 남작은 프로이센의 왕세자 프리드리히를 천거했다.

그러나 그러한 구상은 신성로마제국 내 다른 국가들의 반대에 부딪

히리라는 것이 카를 6세의 생각이었다. 독일권에서 오스트리아의 세력이 커지는 것을 다른 나라들이 가만 두고 볼 리 없기 때문이다. 또한 영국과 네덜란드가 국사조칙을 인정하면서 황제의 상속녀는 반드시 약소국 군주의 아들과 결혼해야 한다는 약속을 받아냈는데, 이것 역시 유럽 열강 간의 균형을 유지하기 위한 조건이었다.

여러 가지 상황을 고려한 끝에 카를 6세는 로트링겐 대공국의 레오폴트 클레멘스(Leopold Klemens) 대공자를 사윗감으로 결정했다.

프랑스어로는 로렌(Lorraine)이라고 하는 로트링겐 대공국은 독일과 프랑스 사이에 있었기 때문에 양국 사이에 끊임없는 쟁탈전이 벌어진 곳으로서, 18세기 전반까지만 해도 소국의 지위에서 벗어나지 못했다. 통치자 레오폴트 요제프(Leopold Joseph) 대공은 루이 14세의 조카인 부르봉−오를레앙(Bourbon−Orléans) 가문의 엘리자베트 샤를로테(Elisabeth Charlotte)와 결혼하여 열네 명의 자녀를 두었지만, 그중 살아남은 건 다섯 명뿐이다.

신성로마제국 황제 페르디난트 3세(1636~1637)의 외손자인 레오폴트 요제프 대공은 1697년 인스부르크(Innsbruck) 왕궁에서 태어났고 적지 않은 시간을 빈의 황궁에서 보냈다. 이 시기에 그는 사촌인 요제프 1세나 카를 6세와 친한 사이였다. 로트링겐 대공국의 군주가 된 이후 그는 장남 레오폴트 클레멘스를 오스트리아의 지배자로 옹립할 방법을 모색했고 그것을 위해 빈 황실의 상황을 정확히 알려줄 인물들을 포섭했다. 그러다가 카를 6세가 체코 왕위 계승식을 프라하에서 거행한다는 소식을 듣고 아들을 보내 그와 자연스럽게 만나게 하려고 했다. 그러나 1723년 6월 4일 레오폴트 클레멘스가 천연두로 열여섯 살 나이에 사망하면서 레오폴트 요제프 대공은 계획을 수정해야만 했다.

어린 시절의
프란츠 슈테판

대공은 이미 1711년 5월 10일에 첫아들인 루트비히를 잃었고, 딸 가
브리엘레도 그다음 날 죽었다. 모두 천연두였다. 그는 남은 아들들인 레
오폴트 클레멘스와 프란츠 슈테판을 살리기 위해 천연두로부터 비교적
안전한 레오몽(Leomont)으로 옮겼다. 레오폴트 클레멘스가 천연두로 목
숨을 잃은 지 4년 후인 1727년 12월 프란츠 슈테판도 천연두에 걸렸지
만, 무사히 회복되었다.

레오폴트 요제프 대공은 빈 황실에 사절단을 보내어 장남의 부고를
전하면서 은근히 차남의 존재를 부각하려 했다. 사절단은 차남 프란츠
슈테판의 외모를 자세히 묘사하며 그가 카를 6세를 매우 존경한다고도
말했다. 사절단의 행동은 모두 레오폴트 요제프 대공의 지시에 따른 것

어린 시절의
마리아 테레지아

이었다. 장남이 죽은 지 1주일도 안 되어 차남을 카를 6세의 사윗감으로 들이민 것이다.

이를 위해 대공은 차남을 보헤미아로 보냈다. 겉으로 내세운 목적은 테셴(Teschen) 대공국 시찰이었지만, 실제 목적은 카를 6세에게 프란츠 슈테판을 선보이는 것이었다. 열다섯 살의 프란츠 슈테판은 황제를 알현하여 그들을 흐뭇하게 해야 한다는 부담감을 안고 있었다. 그런데 뜻밖에도 카를 6세는 프란츠 슈테판에게 다가가 얼싸안으며 아들이라고 부를 정도로 친밀감을 보였다.

1723년 8월 10일, 여섯 살의 마리아 테레지아는 프라하에서 거행된 카를 6세의 체코 국왕 대관식에서 아홉 살 연상의 프란츠 슈테판을 처음 만났다. 그리고 같은 달 14일, 프란츠 슈테판은 황후와 두 공주를 개인적으로 만나게 되었다. 다음 날 프란츠 슈테판은 황금 블리에스 훈장을 수여받았는데, 이것은 빈 황실이 주최하는 예식에 참석할 수 있는 권리를 인정받은 것과 같았다. 얼마 안 되어 카를 6세는 레오폴트 요제프 대공에게 서신을 보내서 매사에 성실하고 적극적인 프란츠 슈테판을 통해 오랫동안 염두에 두었던 두 가문의 결합도 가능하다는 의사를 비쳤다.

그러나 그 무렵 임신 중이었던 황후 엘리자베트 크리스티네에게서 아들이 태어나기를 기대하던 카를 6세는 장녀의 결혼을 그리 적극적으로 추진하려 하지 않았다. 그뿐만 아니라 당시 프라하에 머물던 폴란드 국왕과 바이에른 선제후도 그들의 아들을 마리아 테레지아와 결혼시키는 문제에 관심이 있었으므로 카를 6세는 이들도 배려해야만 했다. 카를 6세의 내심을 눈치챈 레오폴트 요제프 대공은 아들을 일단 낭시(Nancy)로 불러들였다.

9월 초부터 레오폴트 요제프 대공은 카를 6세를 상대로 몇 주에 걸쳐 아들이 빈에 머무는 문제에 대해 협상을 벌여서 원하는 답변을 얻어냈다. 이에 따라 프란츠 슈테판은 1723년 11월 22일 다시 빈을 방문하여 황제 부부를 알현했다. 이후 그는 가난한 친척으로 위장해서 선황의 미망인인 엘레오노레 마그달레나 폰 팔츠-노이베르크의 궁에서 1729년까지 머물렀다.

이렇게 오래 빈에 머무는 동안 프란츠 슈테판은 카를 6세와 친분을 쌓을 수 있었다. 궁중의 행사나 공식석상에서 대놓고 친밀도를 과시할 수는 없었지만, 사냥 같은 개인적인 일정은 함께하는 경우가 많았다. 프

프란츠 슈테판과 어머니
엘리자베트 샤를로테(1722년경)

란츠 슈테판은 춤을 잘 추었고 펜싱 실력도 뛰어났다. 황제가 선호하던 사냥에서도 남다른 솜씨를 발휘했다. 카를 6세는 따로 사냥 달력을 만들어 언제, 어디서, 어떠한 날씨에서 사냥했고 얼마만큼 노획했는지도 정확히 기록했다. 예를 들면 1717년의 사냥 달력에는 모두 스물두 마리의 곰이 잡혔다는 것이 기록되었다. 어쨌든 프란츠 슈테판에 대해 카를 6세가 공사를 구분하는 이중적 태도를 보인 건 마리아 테레지아의 결혼에 관심을 보이던 왕과 대공들에게 어떤 빌미도 주지 않기 위해서인 것 같다.

카를 6세는 프란츠 슈테판에게 책도 많이 선물했다. 로트링겐 대공국에서는 제대로 교육받지 못했을 거라고 생각했기 때문이다. 실제로 프란츠 슈테판은 교육을 거의 받지 못했기 때문에 문서나 책을 제대로 읽지 못했고, 쓰는 것도 소리 나는 대로 따라 쓰는 수준에서 벗어나지 못했다. 편지가 오면 주변 사람들이 큰 소리로 읽어주어야 했다. 또한 프란츠 슈테판은 황제의 기대와는 달리 빈의 화려함에 매료되어 선물 받은 역사서나 법률서에도 관심을 보이지 않았다. 그래도 카를 6세는 프란츠 슈테판을 비난하지 않았다. 그 또한 독서와 지식이 왕에게 꼭 필요한 조건은 아니라고 생각하는 쪽이었기 때문이다. 1725년 2월에는 프란츠 슈테판을 시에나대학에 보내려고 했지만, 실제로 이행하지는 않았다.

마리아 테레지아도 프란츠 슈테판에게 관심이 많았다. 어린 나이라 프란츠 슈테판이 남편이 될 사람이라는 건 알지 못했지만, 그를 처음 본 순간부터 그녀는 자신이 그를 위해 태어났다고 생각했다. 그가 아닌 누구와도 결혼하지 않겠다, 꿈속에서도 그를 보았다고 말하는 등 궁녀들에게 오직 대공에 관해서만 이야기할 정도로 마리아 테레지아는 프란츠 슈테판에게 깊이 빠져 있었다.

레오폴트 요제프 대공이 1729년 3월 27일에 서거함에 따라 프란츠 슈테판은 로트링겐 대공 프란츠 3세가 되었다. 그런데 프란츠 슈테판은 부친이 서거한 지 7개월이 지난 11월 중순에야 낭시에 돌아와 대공위를 계승했다. 이러한 그의 행동에 대해 많은 사람들이 의아해했다. 1729년 11월 9일 빈을 떠나기 전에 프란츠 슈테판은 열두 살의 마리아 테레지아로부터 다이아몬드로 장식된 그녀의 초상화를 선물 받았다. 마리아 테레지아가 항상 자신을 기억하기를 바라며 준비한 선물이었다.

낭시에 도착한 프란츠 슈테판은 우선 대공국의 어려운 재정 상황을 개선하는 데 주력하여 어느 정도 성과를 거두었다. 그러면서 자기가 좋아하던 가구와 그림들을 빈으로 보냈는데, 이는 조만간 다시 빈으로 돌아가겠다는 뜻이었다.

1731년 4월 25일, 프란츠 슈테판은 낭시를 떠나면서 어머니 엘리자베트 샤를로테에게 대공국의 통치권을 맡겼다. 엘리자베트 샤를로테는 그의 동생 카를 알렉산더(Karl Alexander)에게 위임해야 한다고 주장했지만, 프란츠 슈테판은 거부했다. 마리아 테레지아와의 결혼이 성사되지 않으면 다시 대공국으로 돌아와야 하는데, 이곳에서 인기가 높은 카를 알렉산더에게 잠시라도 통치권을 위임한다면 다시 돌려받기가 어려울 테니 말이다.

로트링겐 대공국을 출발한 프란츠 슈테판은 오스트리아-네덜란드, 네덜란드, 영국, 그리고 프로이센을 돌며 기사 여행을 했다. 카를 6세가 그렇게 하라고 권했기 때문이다. 여행 중 그는 카를 6세의 사위로 대접받았다. 네덜란드에서는 체스터필드(Chesterfield) 백작이 주도하는 프리메이슨 운동에 관심을 보여 수습생으로 활동하다가 정회원으로 가입했다. 베를린에서는 프리드리히 왕세자의 약혼식에 참석했다. 카를 6세가 프란츠 슈테판을 헝가리 총독으로 임명하여, 3천 굴덴의 급료를 받으며 프레스부르크(Preßburg)에서 총독으로 활동하기도 했다.

1732년 4월 16일, 프란츠 슈테판은 빈에서 몇 주 동안 머무르게 되었다. 이때 그는 아름다운 여인으로 성장한 마리아 테레지아와 만났다. 둥그스름하면서도 다소 갸름한 얼굴에 금빛 머리카락, 연한 푸른색의 큰 눈은 선명하고 온순한 느낌을 주었다. 코는 다소 작지만, 합스부르크 가문의 특징인 매부리코나 들창코는 아니었다. 입은 약간 크지만, 치아가 하얗고 가끔 보이는 미소는 느낌이 좋았다. 목은 다소 가늘었지만, 신체와 잘 조화를 이루었다.

프란츠 슈테판을 연모하는 마리아 테레지아의 마음은 변하지 않았고 그가 자기 남편이 될 것이라고 굳게 믿고 있었다. 하지만 프란츠 슈테판에 대한 빈의 여론은 좋지 않았다. 그가 마리아 테레지아에게 미온적인 태도를 보였기 때문이다. 그를 맞이하는 카를 6세의 태도도 그다지 우호적이지 않았다. 황제의 명에 따라 그를 감시하던 빌헬름 라인하르트 나이페르크(Wilhelm Reinhardt v. Neipperg) 백작이 프란츠 슈테판은 매우 부주의하고 뻔뻔스러운 행동을 서슴지 않아 헝가리 내에서도 평판이 나빠지고 있다고 보고했기 때문이다.

분위기가 심상치 않다는 것을 느낀 프란츠 슈테판은 이전과는 달리 진지한 태도를 보이기 시작했다. 카를 6세의 생활 습관도 따라하려고 했다. 자신에 대한 황제의 평가를 바꾸기 위해 노력한 것이다. 그가 오스트리아의 통치자가 되고 잘하면 신성로마제국 황제가 되는 것도 모두 그의 노력에 달린 일이었다.

결혼까지는 첩첩산중

황실의 결혼이 자유 연애로 간단히 결정되는 것은 아니다. 실제로 프란츠 슈테판이 마리아 테레지아를 얻기 위해서는 넘어야 할 산이 많았다. 무엇보다 그가 합스부르크 가문의 후계자로 주목받는 대공녀와 결혼한다는 사실이 알려지자 프랑스의 루이 15세가 긴장했다. 프랑스는 국경을 접하고 있는 로트링겐 대공국이 프랑스의 숙적인 합스부르크 가문의 일부가 된다는 사실을 받아들일 수가 없었던 것이다. 그 결혼을 방해하기 위해 그는 프란츠 슈테판을 로트링겐 대공국에서 쫓아낼 방법을 궁리했고, 에스파냐와도 손을 잡았다. 마침 에스파냐의 펠리페 5세도 프랑스의 도움을 받아 아들 돈 카를로스를 마리아 테레지아와 결혼시킬 생각에 찬성했다.

그런데 폴란드 왕위계승전쟁(1733~1735)이 해결책을 제시했다. 작센 공국의 아우구스트 1세가 1697년 폴란드 왕 아우구스트 2세로 즉위한 바 있는데 그가 1733년 사망한 뒤 폴란드 최고위 귀족이면서 루이 15세의 장인인 레슈친스키가 스타니슬라우스 1세로 왕위를 이었다. 그는 1704년 아우구스트 2세가 스웨덴군을 피해 달아났을 때 비어 있는 폴란드의 왕좌에 올랐다가 1709년 복귀한 아우구스트 2세에게 강제로 축출 당한 바 있었다. 다시 왕위에 오르려 하는 스타니슬라우스 1세에 맞서 오스트리아가 작센 선제후 프리드리히 아우구스트 2세를 대립 왕으로 내세웠으므로 폴란드에서 왕위계승전쟁이 일어난 것이다.

프리드리히 아우구스트 2세 역시 폴란드 왕이 되기 위해 러시아와 오스트리아의 지지를 필요로 했다. 따라서 그는 오스트리아에게는 카를 6세가 발표한 국사조칙을 인정하고, 러시아에게는 쿠를란트(Kurland, 라트비아 남부 지역)의 자유 사용권을 내주려고 했다. 반면 스타니슬라우스 1세는 그를 지지하는 프랑스와 에스파냐의 군사적 지원을 기대했지만, 실제로 지원은 이루어지지 못했다. 스타니슬라우스 1세의 세력은 크게 위축되었고 결국 프리드리히 아우구스트 2세에게 패하고 말았다.

1734년 9월 프란츠 슈테판이 어머니로부터 받은 편지에는 폴란드 왕위계승전쟁에 참전한 국가들이 전쟁 종식을 위해 로트링겐 대공국을 이용할 것 같으니 대공국을 지킬 방안을 마련하라는 요구가 적혀 있었다. 이러한 상황에서 카를 6세가 보낸 바르텐슈타인 남작은 프란츠 슈테판에게 로트링겐 대공국을 포기해야 마리아 테레지아와 결혼할 수 있을 거라고 전했다. 엘리자베트 샤를로테는 만일 로트링겐 대공국을 포기해야 한다면 반드시 그에 상응하는 영지를 카를 6세로부터 반드시 얻어내야 한다고 주장했다. 프란츠 슈테판은 카를 6세에게 오스트리아-네덜란드나 밀라노 대공국을 요구했지만, 카를 6세는 국사조칙에 어긋난다는 이유로 거절했다. 실제로 국사조칙에는 오스트리아 영토 일부를 제3자에게 넘길 수 없다고 명시되어 있었다.

1735년 10월 31일부터 폴란드 왕위계승전쟁을 끝내기 위한 평화회의가 빈에서 개최되었다. 회의에서는 다음 해 1월 28일자로 레슈친스키가 물러나고 작센의 프리드리히 아우구스트 2세가 폴란드 국왕 아우구스트 3세로 즉위하는 것이 결정되었다. 퇴위하는 레슈친스키가 한시적으로 로트링겐 대공국을 차지하고, 그가 죽은 후 공국령은 자동으로 프랑스에 귀속된다는 것을 1736년 4월 13일에 체결된 평화조약의 문구에서 확인할 수 있다. 이 회의에서 프란츠 슈테판은 로트링겐 대공국을 포기하겠다고 선언하고 그 반대급부로 토스카나 대공국의 계승권을 받는다는 조건에 동의해야 했다.

평화회의에서 결정된 사안에 엘리자베트 샤를로테, 카를 알렉산더 대공, 엘리자베트 테레제(Elisabeth Therese) 대공녀까지 반대했다. 카를 6세는 프란츠 슈테판이 로트링겐 대공국을 포기하지 않으면 마리아 테레지아와의 결혼 역시 성사될 수 없다고 다시 한번 못박아 말했다. 결국 프란츠 슈테판은 카를 6세의 일방적 요구를 수용했고 이것으로 그동안 마리아 테레지아와의 결혼을 방해하던 열강들의 입장 역시 정리되었다.

1737년 2월 프란츠 슈테판은 자신이 통치하던 대공국을 잃게 되었다. 1736년 4월 13일에 체결된 평화조약에 따라 11세기 초부터 로트링겐 대공국을 다스렸던 프란츠 슈테판의 가문은 1737년 3월이면 대공국을 떠나야만 했다. 이에 앞서 프란츠 슈테판은 1737년 2월 로트링겐 대공국을 포기한다는 공식 문서에 서명했다.

프란츠 슈테판은 앞으로 자신이 오스트리아 왕국의 공동 통치자가 될 수 있고 운이 좋으면 신성로마제국의 황제가 될 수도 있다는 희망으로 스스로를 달래야 했다. 또한 사랑스러운 마리아 테레지아를 얻게 된 기쁨으로 공국을 잃은 슬픔을 보상받으려 했다. "그녀는 아름다울 뿐만 아니라 지적 능력도 충분했다." 당시 프란츠 슈테판이 마리아 테레지아를 두고 한 말이었다.

1735년 12월 중순, 카를 6세는 마리아 테레지아와 로트링겐 대공국 프란츠 슈테판의 약혼을 발표했고, 결혼식을 다음 해 2월 12일로 확정했다. 그는 프란츠 슈테판에게 화려한 보석 단추가 50개나 달린 결혼 예복을 선물했는데 당시 가치로 무려 30만 굴덴이나 되었다. 이때 카를 6세는 마리아 테레지아와 프란츠 슈테판을 비공개적으로 불렀다. 프란츠 슈테판에게서는 로트링겐 대공국을 영원히 포기할 것이며, 앞으로 오스트리아 왕국 내 세습지에 대한 어떠한 상속권도 요구하지 않겠다는 약속을 받아냈다. 그리고 자기 딸에게는 그 자신이나 마리아 테레지아의 여동생에게서 남자 상속인이 태어난다면 오스트리아 왕위 계승권을 포기하겠다는 서약을 하게 했다.

1736년 1월 31일, 프란츠 슈테판은 마리아 테레지아에게 청혼했다. 같은 날 오전 11시, 신분 서열에 따라 길게 늘어선 행렬 뒤로 다이아몬드를 비롯한 여러 보석으로 장식한 예복을 입은 신랑이 호프부르크(Hofburg)궁에서 나왔다. 레타라다궁에서 카를 6세와 잠시 대화를 나눈 후, 행렬은 황비와 함께 마리아 테레지아가 있는 곳으로 향했다. 결혼에 동의한다는 마리아 테레지아의 신호를 받자, 신랑은 황제의 초상을 받아든 후 그녀에게 키스했다.

이후 이들은 황실 관습에 따라 잠시 떨어져 있어야 했다. 마리아 테레지아는 빈에 남았고, 헝가리 총독이었던 프란츠 슈테판은 프레스부르크에서 지냈다. 이렇게 떨어져 지내게 된 두 사람은 서로에 대한 애절함을 알리기 위해 자주 편지를 주고받았다. 프란츠 슈테판의 편지는 형식적이었지만, 마리아 테레지아는 전통적인 궁전 의전을 무시하고 즉흥적이고 신선한 표현으로 자신의 마음을 고스란히 편지에 담는 열정을 보였다.

1736년 2월 12일, 즉 재의 수요일(사육제 다음 날로서 사순절의 제1일. 이날 가톨릭교도들은 참회의 뜻으로 이마에 성회를 바른다.) 전 일요일에 프란츠 슈테판은 프레스부르크를 떠나 오후 4시경에 빈에 도착했다. 결혼식은 오후 6시 황궁과 인접한 아우구스티너키르헤(Augustinerkirche)에서 고풍스럽고 장중하게 거행됐다. 아우구스티너키르헤는 합스부르크 가문 사람들의 결혼식이 대부분 거행되었던 아우구스티누스 교단 소속의 성당이었다. 훗날 이 성당에서는 마리아 테레지아와 프란츠 슈테판 대공의 아들인 요제프와 이사벨라 대공녀의 결혼식도 열렸고, 프란츠 요제프 1세(Franz Jo-seph I, 1848~1916)와 바이에른 대공녀 엘리자베트(Elisabeth v. Wittelsbach)도 이곳에서 결혼했다.

교황 클레멘스 12세(Clemens XII, 1730~1740)의 대리인인 도메니코 파시오나이(Domenico Passionei) 주도로 진행된 예식에는 신부의 부모인 카를 6세와 엘리자베트 크리스티네를 비롯한 합스부르크 가문의 대표들, 신랑 측의 주빈, 프란츠 슈테판의 동생 카를 알렉산더 대공을 비롯한 관계자들이 모두 참석했고, 귀족과 궁정인들이 가득 모여들어 북적거렸다. 그날 결혼식은 호프부르크의 코미디 홀에서 진행된 축하연을 끝으로 종료되었다. 다음 날 아침에는 신혼 부부를 위한 특별 미사가 있었고, 저녁에는 바로크풍의 고대 양식을 모방하고 우화화한 오페라 〈아킬레 인 시로(Achille in Schiro)〉가 무대에 올려졌다. 이 오페라는 1730년부터 빈 황궁에서 활동하던 피에트로 메타스타시오(Pietro Metastatio)가 각본을 쓰고 안토니오 칼데라(Antonio Caldera)가 작곡한 것이다.

혼인 축제는 화요일에 진행된 카니발 가면무도회로 끝났다. 2월 말 신혼부부는 유명한 순례지인 마리아 첼을 방문하여 기적을 낳는다는 마리아상에 값비싼 다이아몬드 반지를 바치며 후대에 많은 자손을 내려줄 것도 기원했다.

이러한 결혼예식이 끝난 후 카를 6세는 프란츠 슈테판을 오스트리아령 네덜란드 총독으로 임명했다. 임기는 그가 토스카나 대공국의 지배자로 등극할 때까지였다. 그러나 프란츠 슈테판은 오스트리아령 네덜란드 총독으로 활동하지 못했는데 그것은 카를 6세가 취임을 계속 연기했기 때문이다. 이에 마리아 테레지아는 몹시 불만을 품었지만 카를 6

세는 아랑곳하지 않았다. "국정 운영에서 어린 마리아 테레지아의 감정까지 고려할 필요는 없지." 그는 측근에게 이렇게 말했다고 한다.

무서운 장인과 만만한 사위

1737년 7월 카를 6세는 오스만튀르크에 선전 포고를 한다. 1726년 오스트리아가 러시아와 체결한 동맹조약에 따라, 러시아가 벌인 오스만튀르크와의 전쟁에 자동으로 개입해야만 했던 것이다.

이렇게 시작된 오스만튀르크와의 전쟁에 전투 경험이 전혀 없는 프란츠 슈테판과 그의 동생 카를 알렉산더 대공이 군 복무를 자원했다. 이후 이들은 왕국의 남동 지역에서 벌어진 실제 전투에 참여했고, 9월 초 빈으로 돌아왔다. 얼마 후 카를 6세는 프란츠 슈테판을 육군 원수에 임명하고 적합한 지휘권을 부여했다. 그리고 1738년 여름에는 프란츠 슈테판을 쾨니히스에그(Joseph Lothar Dominik Graf v. Königsegg) 백작의 보좌관으로 임명했다. 쾨니히스에그 백작은 전투 경험이 많은 장군이었고 궁정작전회의(Hofkriegsrat)의 의장직도 수행하고 있었다.

프란츠 슈테판은 1738년 7월 4일 콘리나(Konrina)에서 벌어진 전투에서 오스만튀르크군을 격파하고 그들을 도나우강 서쪽 지역으로 몰아내는 데 성공했다. 그러나 이어 벌어진 두 번째 전투에서는 대패했고, 그로 인해 이 전투에 참가한 오스트리아군도 뿔뿔이 흩어지고 말았다. 실제로 전투에서 패배한 이후 프란츠 슈테판은 군대 통솔권을 포기하는 등 우행을 범했다. 이러한 예기치 못한 상황이 벌어지자, 빈에서는 프란츠 슈테판이 콘리나 전투에서 승리한 것은 그의 능력 덕분이 아니라 오스만튀르크군이 전투도 제대로 하지 않고 후퇴한 덕분이라는 악의적 소문이 퍼졌다.

두 번째 전투에서 패한 후 프란츠 슈테판은 후퇴하다가 심한 열병에 걸렸다. 그는 부다(Buda)에서 치료를 받았지만, 회복 기미가 보이지 않자 7월 30일 빈의 한 병원으로 긴급 이송되었다. 건강을 회복한 프란츠 슈테판은 9월 오스트리아 군사령관으로 복직하여 오스만튀르크와의 평화 협상을 전담했다. 그러나 오스만튀르크 협상단과 협상을 시작한 지 얼마 안 되어 다시 병에 걸려 빈으로 돌아와야만 했다.

오스트리아인들은 쾨니히스에그와 프란츠 슈테판 때문에 오스트리아가 오스만튀르크와의 전쟁에서 패했다고 확신하고 있었다. 또한 이들은 10월 6일 마리아 테레지아가 둘째 딸 마리아 안나(Maria Anna)를 출산하자, 프란츠 슈테판은 부부 잠자리에서도 패장이라고 악의적 비난을 퍼부었다.* 이러한 소문을 접한 카를 6세는 프란츠 슈테판에 대한 불

---

* 마리아 테레지아는 20세가 된 1737년에 첫딸을 낳고, 39세가 된 1756년에 막내아들을 출산했다. 20년도 채 안 되는 사이에 16명의 아이를 낳은 것이다. 이 중에서 4명의 아들과 6명의 딸만이 성인으로 성장했다. 당시 오스트리아 임산부의 사망률은 1,000명당 11~12명으로, 오늘날의 100,000명당 11명과 비교할 때 거의 100배나 높았다. 마리아 테레지아 역시 임신할 때마다 자신이 목숨을 잃을 수도 있다고 두려워했다. 11번째로 임신했을 때는 측근인 실바타루카(Emanuel de Silva-Tarouca)에게 더는 임신하지 않겠다고 말하기도 했다(그러나 결국 임신은 계속되었다). 이후 그녀는 딸들과 며느리들에게도 자신의 경험담을 알려주기도 하고 유능한 산파의 필요성을 강조하기도 했다. 직접 먹어보고 효과를 본 약품을 보내며 올바른 섭취 방법을 자세히 알려주기도 했다. 마리아 테

마리아 테레지아(1739)

만이 퍼져갔다.

프란츠 슈테판이 능력을 발휘해서 신임을 받아야 하는데 그러한 것을 프란츠 슈테판이 제대로 수행하지 못하는 것에 대해 불편한 심기를 표출하는 데 주저하지 않았다. 이에 따라 그는 프란츠 슈테판 부부를 토스카나 대공국으로 보내기로 했고 거기서 사위가 오랫동안 머물게 하는 방법도 생각했다.

1738년 12월 15일 마리아 테레지아는 남편과 함께 빈을 떠나 다음 해 1월 20일 토스카 대공국 수도인 피렌체(Firenze)에 도착했다.

1737년 7월 9일 토스카나 대공 잔 가스토네 데 메디치(Gian Gastone dé Medici)가 사망함에 따라 토스카나 대공국의 계승권을 가진 프란츠 슈테판이 대공이 되었다. 처음으로 토스카나 대공국을 방문한 프란츠 슈테판은 피렌체에 도착하자마자 대공국의 행정을 대대적으로 개편하고 재정도 개선하려고 했다. 마리아 테레지아는 일주일에 두 번 정도 살롱을

레지아가 출산한 16명은 그녀의 선조 막시밀리안 II세(Maximillian II, 1564~1576)와 그의 부인 마리아(Maria) 사이에서 태어난 자녀들 숫자보다 많았다. 그녀의 할아버지 레오폴트 1세도 16명의 자녀를 두었지만, 이 아이들은 3명의 부인으로부터 태어났다.

방문했고, 당시 이 도시의 귀족들에게 허용된 공놀이(Ballspiel)에도 적극적으로 참여했다.

프란츠 슈테판은 자신이 피렌체로 추방된 셈이라는 것을 잘 알고 있었기에 빈으로 돌아갈 날만 학수고대했다. 마침내 카를 6세는 프란츠 슈테판 부부에게 빈으로 돌아오라고 허락했지만, 한 가지 조건이 있었다. 프란츠 슈테판이 1739년 오스만튀르크군과 전투를 벌일 오스트리아군을 지휘하면서 지휘관으로서의 역량을 충분히 입증해야 한다는 것이었다. 프란츠 슈테판은 카를 6세에게 즉시 서신을 보냈다. 4월 20일 이후 언제라도 피렌체를 떠날 수 있으니, 황제 승인이 가능한 한 빨리 떨어지기를 기대한다는 내용이었다.

사위의 편지를 받은 카를 6세는 프란츠 슈테판이 과연 출정할지 의문스러워했다. 그리하여 오스트리아군을 이끌던 발리스(Georg Olivier Graf v. Wallis) 원수에게 프란츠 슈테판 대공이 그에게 나타난다면 이전에 허가한 휴가를 일시적으로 연기한다고 했다. 이러한 것을 통해 카를 6세는 사위의 능력을 크게 불신하고 있었음을 확인할 수 있다.

그러나 며칠 후 카를 6세는 프란츠 슈테판 부부의 피렌체 출발을 불허했다. 마리아 테레지아가 임신 중이었기 때문에 프란츠 슈테판이 전투에 참여하기보다는 그녀 곁에 있는 것이 더 중요하다고 판단한 것이다. 이러한 결정은 프란츠 슈테판의 군사적 역량이 매우 미흡하다는 것과 발리스 원수가 단독으로 군사작전을 수행하는 것이 훨씬 유리하다는 판단에서 나온 것 같다.

오스트리아의 공동 통치자

1740년 10월 13일 카를 6세는 빈 근처의 노이지들러(Neusiedler) 호숫가로 사냥하러 갔다. 사냥 중 그는 갑자기 위통을 호소했고 결국 빈으로 돌아와야 할 정도로 건강이 악화되었다. 당황한 의사들은 점심 식사로 먹은 버섯 수프로 인한 식중독인지, 감기인지 진단을 제대로 내리지 못하고 허둥댔다. 이후 며칠 동안 심한 통증에 시달리던 황제는 10월 20일 새벽 2시, 55세 생일을 며칠 앞두고 사망했다. 당시 밝혀진 병명은 버섯 중독이 아닌 급성 간경화증이었다.

같은 날 카를 6세의 장녀 마리아 테레지아는 국사조칙에 따라 모두 73만 평방킬로미터에 달하는 영토를 가진 오스트리아의 통치자로 등극했다.

즉위하자마자 자신의 왕위 계승에 대한 독일과 유럽 군주들의 반대에 부딪친 마리아 테레지아는 1740년 11월 21일 남편 프란츠 슈테판을 오스트리아 왕국의 공동 통치자로 지명하는 빠른 행보를 보였다. 오스트리아의 왕이라면 당연히 신성로마제국 황제가 되어야 하지만, 자신은 신성로마제국 황제로 선출될 수 없다는 현실적 상황을 인지했기 때문인 것 같다.

3

전통에 희생된 황후

엘리자베트

합스부르크가는 호엔촐레른가보다 가문의 전통에 집착했다. 따라서 이 집안에서는 전통에서 비롯된 희생양까지 나오곤 했는데, 대표적 사례가 엘리자베트(Elisabeth) 황후이다. 16세의 어린 나이에 프란츠 요제프 1세와 결혼한 엘리자베트는 지나치게 전통을 답습하고 준수해야 한다는 압박에 시달리다가 제네바에서 무정부주의자 루케니의 습격으로 목숨까지 잃었다.

이모이자 시어머니인 조피 프리데리케로부터 지나칠 정도의 압박을 받던 엘리자베트는 아들 루돌프 황태자가 비극적으로 생을 마감한 1889년 1월 28일 이후 검은 상복을 입고 황궁을 떠나 곳곳을 여행하는 것으로 황후의 책무에서 도피했고, 결국 오스트리아-헝가리가 아닌 이국땅인 스위스 제네바에서 생을 마감한 것이다.

아들이 죽은 이후 상심하여 엇나가는 행보를 보인 것 때문에 모성애가 지극했을 것이라 추측되지만, 실제로 엘리자베트와 루돌프 황태자 사이는 그리 원만하지 않았다. 엘리자베트가 부부 관계나 부친과의 갈

등으로 고민하던 아들을 외면했으므로 모자 사이는 대체로 냉랭한 편이었다. 마리아 테레지아와 그 아들 요제프 사이도 비슷하지만 이쪽이 훨씬 심각했다. 호엔촐레른 가문에서도 왕과 왕비 사이 또는 시어머니와 며느리 사이의 갈등과 충돌은 쉽게 확인되지만, 확실히 합스부르크 가문보다는 강도가 약했다.

첫눈에 사랑에 빠지다

엘리자베트(Elisabeth Amalie Eugenie v. Wittelsbach)는 1837년 12월 24일 뮌헨 루트비히슈트라세(Ludwigstrasse)에 있는 헤르초그-막스-팔레(Herzog-Max-Palais)에서 바이에른의 막스 요제프(Max Joseph) 대공과 루도비카 빌헬미네(Ludovika Wilhelmine)의 둘째 딸로 태어났다. 그녀의 외조부모는 바이에른 왕국의 막시밀리안 1세 요제프(Maximilian I Joseph)와 그의 두 번째 부인 카롤리네(Karoline)였다.

엘리자베트에게는 태어날 때부터 눈에 띄는 젖니가 있었는데 이것은 행복의 징조로 간주되었다. 엘리자베트는 뮌헨과 이 도시에서 남서쪽으로 약 30킬로미터 떨어진 슈타른베르크(Starnberg) 호숫가, 요제프 대공이 소유한 포센호펜(Possenhofen) 성에서 점점 늘어나는 형제자매들에게 둘러싸여 자랐다.

요제프 대공은 가족과 함께 보내는 시간이 거의 없었고, 자녀들에게도 별다른 관심을 보이지 않았다. 엘리자베트는 세 살 반 연상인 헬레네(Helene)와 같이 지냈다. 루도비카 빌헬미네가 채용한 영국인 여성 뉴볼

드(Newbold)는 4년 동안 이들을 돌보았다. 이 시기 엘리자베트와 헬레네는 영어를 그들만의 비밀 언어로 사용하는 등 일상생활에서 영국 문화의 영향을 많이 받았다.

오스트리아 황제 프란츠 요제프 1세는 3월혁명이 완전히 끝나지 않은 1848년 12월 2일, 백부 페르디난트 1세로부터 제위를 양도받았다. 그는 당시 겨우 18세의 청년이었지만, 공명심이 남다르고, 정치에 관심이 컸던 어머니 조피 프리데리케에 의해 이미 양위를 대비한 지도자 수업을 마친 인물이었다. 특히 군사 교육을 철저히 받아 14세 때 이미 대령의 신분으로 연대를 지휘한 적이 있었으며, 황제가 되어서도 노년에 이르기까지 공식 석상에서 즐겨 군복을 입었다고 한다. 조피 프리데리케의 주도로 이루어진, 신앙심과 책임감 위주의 교육은 프란츠 요제프 1세의 통치 철학을 특징지었고, 58년의 재위 기간 동안 제국의 모든 정책에 커다란 영향을 끼쳤다.

프란츠 요제프 1세는 황실 전통에 따른 한 개의 이름을 사용하지 않고, 요제프 2세의 황제 이름을 추가하여 프란츠 요제프 1세라 칭했다. 만일 프란츠 요제프 1세가 합스부르크 가문의 전통에 따라 한 개의 이름을 택했더라면, 프란츠 2세로 불려야 했다. 프란츠 요제프 1세는 합스부르크 가문의 역대 황제 중 두 개의 이름을 황제 이름으로 사용한 유일한 통치자였다. 그가 두 개의 이름을 사용한 것은 종증조부 요제프 2세의 개혁 정치, 즉 요제프주의를 연상시킴으로써 신민들의 지지를 얻어, 혁명을 극복하고, 동시에 무능한 백부와도 차별화하려는 의도에서 비롯되었다.

프란츠 요제프 1세의 즉위식은 제국의 수도 빈이 아닌, 피난지 올뮈

1853년 포센호펜성 앞에서 말을 타는 엘리자베트 공주

츠 대주교궁에서 거행되었다. 좀메라우-베크(M.J.G. v. Sommerrau Beeckh) 올뮈츠 대주교는 자신이 거주하는 궁을 프란츠 요제프 1세에게 제공한 대가로, 1849년 민간인이 받는 최고 훈장인 '성 슈테판 훈장'을 수여받았고, 1년 후인 1850년에는 비오 9세(Pius IX, 1846~1878)로부터 추기경으로 서임되기도 했다.

1853년 8월, 오스트리아 황제 프란츠 요제프 1세는 잘츠카머구트 (Salzkammergut)의 중심지인 바트 이스흘(Bad Ischl)에서 생일을 맞았다. 16일 저녁, 바트 이스흘에 도착한 바이에른의 루도비카 빌헬미네 대공비와 그녀의 두 딸인 헬레네와 엘리자베트를 포함하여 많은 친척들이 프란츠 요제프 1세의 만찬 행사에 초대되었다. 루도비카 빌헬미네는 장녀 헬레네를 오스트리아 황제에게 소개하려 했다. 막스 요제프가 헬레네를 프란츠 요제프 1세의 신부 후보로 결정했기 때문이다. 그러나 헬레나와 맞선을 보던 날, 오스트리아 황제는 어머니와 언니를 따라온 어린 엘리자베트를 보자마자 사랑에 빠지고 말았다. 문자 그대로 '첫눈에 사랑에 빠지다(Liebe auf den ersten Blick)'였다.

엘리자베트는 이날 만찬에 참석하지 못한 부친 막스 요제프 대공 대신 자리하게 된 것이었다. 루도비카 빌헬미네는 이번 만찬을 계기로 엘리자베트와 프란츠 요제프 1세의 동생인 카를 대공이 더 가까워지기를 원하고 있었다. 그들은 어린 시절부터 편지와 선물을 주고받던 친구 사이였다.

만찬장에서 프란츠 요제프 1세는 얌전하게 앉아 있는 헬레네보다 발랄하고 명랑한 엘리자베트에게 더 눈길이 갔다. 저녁에 황제 별장에서 열린 가족 무도회에 흰색 드레스를 입은 헬레네는 차가운 조각상으로, 핑크색의 화려한 드레스를 입은 엘리자베트는 달콤한 아가씨로 등장했다. 황제는 엘리자베트와 함께 코티용(cotillon)을 추었다. 코티용은 네 사람 또는 여덟 사람이 한 조가 되어 추는 프랑스의 궁정 무용이다. 춤은 보통 4분의 2박자 음악에 맞추어 추는데, 18세기 프랑스를 중심으로 전 유럽에서 유행했다.

황후 엘리자베트(1853)

로열패밀리, 그들이 사는 세상

행사에 참석한 조피 프리데리케 대공비는 심기가 불편했다. 우선 그녀는 아들이 가엾은 헬레네에게 노골적으로 불손하게 행동하는 것이 불만스러웠고, 어린 엘리자베트를 도저히 황제의 짝으로 생각할 수도 없었다. 조피 프리데리케 대공비는 아들에게 다시 한번 생각하라고 조언했지만, 프란츠 요제프 1세의 입장은 확고했다. 만찬이 끝난 후 프란츠 요제프 1세는 어머니와 단둘이 만난 자리에서 엘리자베트의 아름다움을 극찬하며 그녀를 설득했다.

결국 프란츠 요제프 1세가 이겼다. 그는 조피 프리데리케 대공비를 통해 엘리자베트에게 결혼하고 싶다는 의사를 전달했다. 엘리자베트는 감격하여 울면서 청혼을 받아들였다. 프란츠 요제프 1세는 약혼녀에게 많은 귀금속을 선물했고, 선물 품목 중에는 그네도 있었다. 그 그네는 바트 이스흘의 여름 별궁 정원에 설치되었다.

고달픈 황실 생활

이후 엘리자베트는 양치질부터 외국어, 오스트리아 황실 규범과 오스트리아 역사에 이르기까지 철저히 공부해야 했다. 1854년 4월 20일, 엘리자베트는 결혼식이 예정된 빈으로 떠났다. 아버지 막스 요제프는 딸에게 5만 길더의 지참금과 혼수품으로 옷과 보석을 마련해주었다. 엘리자베트는 뮌헨을 떠나 도나우 강변의 슈트라우빙(Straubing)으로 갔고, 그곳에서 레겐스부르크(Regensburg)호를 타고 오스트리아 북부의 린츠(Linz)로 향했다. 린츠에서 하루를 묵은 후, 빈 황실이 제공한 특급 정기

선으로 도나우강을 따라 빈까지 여행했다.

　1854년 8월 23일 빈에 도착한 엘리자베트는 8필의 리피치(Repitch)산 순종 백마가 이끄는 화려한 마차를 타고 황궁으로 향했다. 다음 날인 4월 24일, 프란츠 요제프 1세와 엘리자베트는 아우구스티너키르헤에서 라우셔(Rauscher) 추기경 주례로 70명의 주교와 고위 성직자들 앞에서 결혼식을 올렸다. 이어 호프부르크에서 개최된 결혼 축제는 1주일 동안 지속되었다.

　프란츠 요제프 1세와 엘리자베트가 사촌지간이었기 때문에 로마 교황으로부터 결혼에 대한 특별 허가도 받아야 했다. 11세기부터 가톨릭 교회는 일정 범위 이내의 친족은 근친이라 규정하면서 근친결혼을 금지했다. 가톨릭 교회법에서 정한 근친결혼은 시대에 따라 변화되었지만 엄격했던 시기에는 신랑과 신부가 다섯 세대 이내의 친족관계라면 결혼이 불허되었다. 하지만 교회가 모든 근친결혼을 허락하지 않은 것은 아니었다. 교회가 근친결혼을 허락하는 사면장을 발행한다면 결혼할 수 있었다. 이것은 사실 너무나 광범위한 친족을 근친으로 규정했던 것을 완화하려는 목적에서 비롯되었기 때문에 프란츠 요제프 1세와 엘리자베트의 결혼에 대한 사면장은 바로 발급되었다.

　결혼 후 엘리자베트는 시어머니이자 이모인 조피 프리데리케 대공비를 통해 황실 법도가 얼마나 엄격한지를 알게 되었다. 프란츠 요제프 1세는 엘리자베트에게 어머니의 결혼 답례품을 전달하면서 앞으로 조피 프리데리케 대공비에게 '지(Sie)'라는 2인칭 존칭을 써야 한다는 것도 알려주었다. 자신도 어머니에게 항상 '지'를 사용한다고 했다. 실제로 조피 프리데리케 대공비는 어린 대공녀가 자신을 '두(Du)'라고 지칭하는 것을 허용했지만, 황후가 되자 그것을 불허했다. 아들을 통해 며느리에게 존칭 사용을 강조한 조피 프리데리케 대공비는 엘리자베트가 빈에서의 황실 예절을 숙지하고, 그에 따라 행동해야 한다고 생각했다.

17세의 황후 엘리자베트는 락센부르크성을 유령처럼 돌아다녔으며, 화장하거나 사치를 부리는 것 외에 달리 할 일이 없었다. 그러니 무료함을 달랠 방법도 없었다. 낯선 황궁 경비대에 둘러싸여 적의를 품은 눈빛의 감시를 받아야 했다. 바이에른 출신 시녀들을 두는 건 허용되지 않았고, 주변 사람들이라곤 조피 프리데리케 대공비의 충실한 심복뿐이었다. 걸음을 걸을 때마다, 손을 움직일 때마다 엘리자베트는 매사 조심해야만 했다. 혹시 실수해 시어머니에게 보고되지 않을까 두려워했다.

엘리자베트는 항상 그녀의 주위에 있으면서, 그녀를 혼자 두지 않고, 황제와 함께할 시간을 잠시도 허락하지 않는 시어머니를 미워하기 시작했다. 조피 프리데리케 대공비는 달콤한 어린 아내가 남편에게 부드러운 영향력을 발휘하지 못하도록 하기 위해 부부의 침실에 쳐들어오고도 남을 사람이었다. 실제로 조피 프리데리케 대공비는 신혼 첫날을 보낸 프란츠 요제프 1세의 부부 침실을 사전 예고도 없이 방문했다. 그녀는 며느리가 침실을 청원의 중개 장소로 이용할 기회를 원천 차단했다.

스스로 황후 자리를 포기한 조피 프리데리케 대공비는 자신이 그 희생에 대한 충분한 대가를 받을 권리가 있다고 믿었다. 그 대가는 프란츠 요제프 1세가 낮이나 밤이나 황제여야 하며, 황제 외에는 아무것도 아니어야 한다는 것이었다. 그녀는 아들의 통치에 방해되는 모든 것을 미리 차단해야 한다는 강박관념을 가지고 있었다.

락센부르크에서 봄과 여름이 지나가면서 프란츠 요제프 1세, 엘리자베트, 그리고 조피 프리데리케 대공비, 세 사람 사이의 갈등은 점점 커졌다. 이러한 상황에서도 황후 엘리자베트에게는 해결해야 할 큰 숙제가 있었다. 바로 어머니가 되는 것이었다. 결혼식을 올린 지 1년도 안 된 1855년, 엘리자베트는 딸을 낳았다. 아이는 조피 프리데리케의 이름을 따서 세례를 받았다. 이듬해에는 둘째 딸 기젤라가 태어났다.

미모에 집착하다

시어머니의 지나친 간섭과 거기서 비롯된 대립 속에서도, 미녀 황후로 알려진 엘리자베트는 그 명성에 걸맞게 외모를 가꾸는 일에만 열중했다.

당시 오스트리아는 1853년의 대흉년 이후 경제 상황이 매우 나빴다. 대흉년의 후유증으로 인해 대부분의 평민들은 끼니를 제대로 때울 수 없는 극빈 상황에 빠졌다. 그런데도 빈 황궁의 호화로운 생활은 그대로 유지되었다. 조피 프리데리케 대공비는 엘리자베트 황후 전용 화장실을 순금 장식품으로 꾸미게 했다. 젊은 황후의 1년 경비는 10만 굴덴이었는데 이는 당시 빈의 노동자가 500년 동안 일을 해야만 벌 수 있는 거액이었다.

여기서 오스트리아 황실의 화려함과 대조되는 인물로 프로이센의 프리드리히 빌헬름 1세가 떠오른다. 즉위 초부터 근검 절약을 강조하던 그는 157,000탈러에 달하던 왕실 예산을 10만 탈러로 감축했다. 궁전에 근무하는 고용인의 67%를 해고했고, 남은 고용인들의 봉급마저 75% 삭

감했다. 고가의 포도주, 의전 마차, 말, 가마, 금은 식기, 가구들을 팔거나 경매에 부쳤고, 자신을 포함한 왕실 가족들의 하루 예산 규모까지 제한했다. 하루 예산은 93탈러이며, 그마저도 쓸데없이 낭비는 안 된다고 했다. 또한 자신이 포츠담이나 부스터하우젠(Wusterhausen)에 머물고 왕비가 베를린에 머물 때는 70~72탈러를 넘으면 안 되고 왕비가 자신 곁에 있으면 55탈러로 축소되어야 한다고 했다. 이걸 보면 엘리자베트는 프로이센의 왕비인 조피-도르테아보다 50배 이상의 경비를 배당받은 셈이다.

경제적으로는 전혀 구애될 게 없던 엘리자베트는 구할 수 있는 기초 화장품을 모두 써보고 일기에 기록까지 해가며 가장 효과적인 제품을 찾을 정도로 피부 관리에 신경을 썼다. 색조 화장은 피부를 상하게 한다며 거의 하지 않았다. 몸무게 관리에도 철저해서 거의 거식증 환자 수준으로 굶었다. 정확히는 거식증이 아니라 폭식증으로 추정되는 것이, 평소의 식사량은 하루에 우유 한 잔과 오렌지 여섯 개 정도였지만 종종 식욕을 참지 못하고 혼자 식당에 가서 디저트까지 풀코스를 싹 비우는 과식을 했다는 기록이 있기 때문이다. 이렇게 폭식을 해도 평소의 식단과 운동으로 몸매를 유지할 수 있었다. 저녁 식사는 대개 걸렀다. 하루 종일 달고 사는 커피와 담배 때문에 식욕이 떨어졌기 때문이었다.

엘리자베트는 황궁과 별장 등에 온갖 운동 기구를 설치해 중독 수준으로 운동하며 평생 키 173센티미터, 몸무게 46~47킬로그램, 허리 사이즈 42센티미터를 유지했다. 현대 기준으로도 여성이 170센티미터라면 거의 모델급의 장신인데 평균 신장이 훨씬 작았을 1850년대에는 남자들도 내려다볼 수 있는 엄청난 장신이었을 것이다. 실제로 엘리자베

1865년 촬영된 엘리자베트 황후의 사진

트는 프란츠 요제프 1세보다 3센티미터나 컸다. 또한 엘리자베트는 머리카락이 길고 풍성해서, 머리카락 무게를 빼면 실제 체중은 덜 나갔을 것이다. 이렇게 키가 훤칠하게 컸음에도 날씬한 몸매 덕에 아담하고 우아해 보였다. 갈색 눈은 어린아이처럼 반짝였고, 연붉은 입술은 항상 조용한 미소를 띠고 꼭 다물어져 있었다. 친정 가족들처럼 그녀 역시 치아가 고르지 않아 어릴 때부터 치아를 보이지 않으려는 습관이 있었는데 이것 역시 비텔스바흐 가문의 근친결혼 후유증에서 비롯된 것이라 하겠다. 따라서 엘리자베트는 공개석상에서 발언하는 것도 꺼렸고 주변 사람들과 대화할 때도 입술을 거의 움직이지 않고 말했기 때문에 그녀가 무슨 말을 했는지 이해하기 어려웠다.

엘리자베트는 매일 세 시간 이상 머리 손질에 신경을 썼다. 그 과정에서 시녀들은 머리카락이 빠질세라 전전긍긍하며 빠진 머리카락을 감추어야 했다. 황후가 머리카락이 빠지는 것을 매우 싫어했을 뿐만 아니라 시녀 탓을 하며 억지를 부렸기 때문이다. 엘리자베트는 요즘처럼 매일 머리를 감은 것이 아니라 2주에 한 번씩 코냑과 달걀 노른자를 섞어 머리를 감았는데 이것이 탈모의 원인일 수도 있겠다. 공식 행사가 있는 날에는 머리 둘레에 둥그렇게 땋아 올리는 머리 모양을 해야 했는데 이때는 머리 손질에 시간이 더 많이 걸렸다. 하루중 적지 않은 시간을 머리 손질에 할애한 엘리자베트에게는 전담 미용사가 딸려 있었다. 파니 안게러(Fanny Angerer)라는 미용사였는데, 그녀에게 당시 빈 대학 정교수보다 높은 급여를 줄 만큼 특별대우를 했다.

책 읽는 황후

엘리자베트가 관심을 가진 또 다른 것은 독서였다. 이 무렵 사람들은 독서에 그다지 흥미가 없었던 것 같다. 빈 주재 미국 대사였던 모틀리(John Lothrop Motley)* 가 "빈의 시민들은 독서보다는 무도회 참석을 좋아하는 것 같다"라는 다소 비하적인 발언을 한 적이 있기 때문이다. 그는 기대했던 것보다 제국 수도 시민들의 독서율이 지나치게 낮은 데 실망한 듯하다. 모틀리와 발트해 연안 출신 카이저링(Alexander Graf v. Kaiserling) 백작은 비스마르크의 절친한 벗이었다. 이들은 베를린 프리드리히 빌헬름대학에 다니면서 '영국 서클(Englisches Kranchen)'을 구성했고, 정례적으로 만나면서 당대 유명한 작곡가들의 작품을 연주하거나 셰익스피어나 바이런의 작품을 비롯한 이런저런 나라의 문학에 대해 활발하게 토론하기도 했다.

엘리자베트는 쇼펜하우어, 괴테, 셰익스피어, 호메로스, 하이네의 작품들을 즐겨 읽었다. 읽은 것으로 그치지 않고 그 내용을 요약해서 메모해두기도 하는 독서광이었고, 고대 그리스어와 당대의 그리스어를 배우기도 했다. 친절하고 단순하고 실용적인 성격의 프란츠 요제프 1세

---

* 1861년부터 1868년까지 빈 주재 미국 대사, 1869년부터 1870년까지 런던 주재 미국 대사로 활동한 모틀리는 젊은 시절, 즉 1839년에 쓴 소설 『모튼의 희망(Moton's Hope)』에서 비스마르크를 라벤마르크(Otto v. Rabenmark)라는 인물로 등장시켰다. 소설 속의 라벤마르크는 술집과 거리에서는 그야말로 고삐 풀린 말처럼 자유분방하지만, 파이프 담배 연기가 자욱한 방에서는 객기를 버리고 모튼과 이성적으로 이야기를 나누는 인물로 묘사되었다.

는 고공행진을 하는 아내의 지적 수준에 별로 관심이 없었다. 그는 엘리자베트가 좋아하던 셰익스피어의 「한여름밤의 꿈」을 읽고 나서 터무니없고 어리석은 이야기라고 혹평했다. 또한 쇼펜하우어의 논리와 주장은 불명확하다고 주장하기도 했다. 이렇게 프란츠 요제프 1세가 엘리자베트가 관심을 보인 문학작품들을 폄하하자 황제와 황후 사이의 대화는 이전보다 더욱 단절되었다.

1859년 5월에 시작된 프랑스와 사르데냐–피에몬테 연합군과의 전쟁에서 오스트리아가 연패하자 엘리자베트는 전쟁을 빨리 끝내야 한다고 조언했지만, 황제는 그것을 수용하지 않았다. 프란츠 요제프 1세에게 정치적·사회적 조언을 할 수 있는 인물은 조피 프리데리케 대공비뿐이었다. 자신의 조언을 황제가 받아들이지 않자 엘리자베트는 더는 정치적 사안에 개입하려고 하지 않았다.

그러나 황후는 1866년 형제전쟁이 끝난 후 오스트리아 제국에 오스트리아–헝가리 이원 체제가 도입되어야 한다고 끊임없이 주장했다. 기본적으로 그녀는 헝가리를 좋아했다. 결국 프란츠 요제프 1세는 1867년 3월 15일 이원 체제 도입을 공식적으로 밝혔지만, 황후의 주장을 받아들였다기보다는 제국의 특수성, 즉 제국이 다민족 국가라는 것이 주된 이유였다. 실제로 독일권에서 축출된 오스트리아 제국에서 독일인이 차지하는 비율은 21%에 불과했고 이러한 상황에서 빈 정부가 제국을 통치할 수 없었기 때문에 헝가리인들을 동반 민족으로 선택한 것이다.

무정부주의자 루케니에게 암살되다

아들을 낳아 그나마 발언권이 강해진 엘리자베트는 황궁에서 황후로서의 임무를 수행하기보다는 자유로이 여행을 다니는 것을 즐겼다. 1889년 1월 29일 외아들 루돌프 황태자가 자살한 이후부터는 더욱 여행으로 도피했다.

엘리자베트는 아들을 애도하기 위해 항상 검은 상복을 입었다. 아마도 마리아 테레지아가 남편 프란츠 1세가 사망한 후 상복만 입고 지내는 것을 벤치마킹한 것 같다. 아들을 잃었다고 하나 정작 루돌프가 생전에 도움을 요청했을 때 무시로 일관한 것은 본인이었다. 따라서 그녀의 행동은 아들에게 무관심했던 것을 후회하는 일종의 자학에 불과했다. 실제로 엘리자베트는 자녀 중에서 1868년 4월에 태어난 마리 발레리(Marie Valerie)만을 사랑했다.

엘리자베트는 1888년 아버지를, 다음 해 아들을 잃었고, 1890년에는 언니, 1892년에는 어머니, 1893년에는 막냇동생 막시밀리안 엠마누엘마저 떠나보냈다. 이렇게 주변 인물들이 사라짐에 따라 엘리자베트 황후는 실제로 살아갈 의지를 잃었으며 그러지 않아도 좋지 않던 건강 상태는 더 나빠지기 시작했다. 엘리자베트는 기침 발작, 히스테리적 경련, 빈혈, 신경염, 그리고 심장확장증이라는 병에 시달리고 있었다.

여행할 때 그녀는 경호원도 없이 소수의 시녀들만 데리고 가명을 사용했다. 안전이 보장되지 않는 모로코, 이집트, 알제리 같은 나라들도 방문했다. 그러나 이러한 행동들은 결국 엘리자베트의 급작스러운 죽음을 유발한 결정적 요인이 되었다. 암살당한 순간에도 엘리자베트는 경호원은커녕 시녀인 슈타라이(Irma Sztáray) 백작 부인 한 명만 대동하고 있었다.

1898년 8월, 엘리자베트는 호엔엠스(Hohenems) 백작 부인이라는 가명으로 스위스 제네바로 여행을 떠났다. 그러나 황후의 신분은 바로 노출되었고, 스위스의 한 일간지는 오스트리아 황후의 여행 이야기를 게재했다. 무정부주의자 루케니(Luigi Lucheni)도 그 기사를 읽었다.

1898년 9월 10일 엘리자베트가 특급 호텔 보-리바지(Beau-Rivage)를 떠나 레만(Léman) 호수 기슭에 있는 증기선 선착장으로 갔을 때, 루케니가 달려들었다. 엘리자베트는 부채 대신 양산으로 얼굴을 가리고 있었다. 그녀는 낯선 남자가 급하게 아무런 주의도 없이 길을 건너 달린다고 생각하여 길을 비켜주려고 했다. 그러나 루케니는 그대로 달려와서는 마치 황후의 양산 밑을 들여다보는 것처럼 반쯤 몸을 구부리고 8.5센티미터의 가는 송곳으로 그녀의 가슴을 찌르고 도망쳤다. 황후는 찔리고 나서도 한참 동안 찔렸다는 것도 몰랐다. 루케니는 작은 상처로 치명적인 출혈을 유도하는 암살 방법을 익히고 있었던 것이다.

루케니는 당시 26세, 이탈리아에서 건축 노동자로 일하고 있었다. 이탈리아계 노동자의 아들로 프랑스에서 태어나 고아원에서 자랐다. 이후 그는 몇 사람의 위탁 부모 손에 돌아가며 맡겨졌고, 처음에는 파르마, 나중에는 파르마 근처의 작은 마을 바라노(Varano)에서 2년 동안 학교에 다녔다. 그의 진술에 따르면, 위탁 부모들은 국가에서 지급하는 수당에만 관심이 있었다. 학교를 다니면서 루케니는 정원사 보조나 교구 목사의 하인으로 일해야 했고, 받는 돈은 양부모에게 넘겨야 했다. 열 살에 루케니는 학교를 떠나야 했고, 그 다음부터 석공 조수로 일했다. 열

여섯 살에는 파르마-스페치아(Parma-Spezia) 노선의 철도 건설 현장에서 무거운 침목과 레일을 운반했다. 1890년 봄에는 제네바로 가서 약 2년 동안 도로 건설 현장을 돌아다니며, 처음에는 치아소(Chiasso)에서, 나중에는 아이롤로(Airolo)에서 노동했다. 1894년 봄, 스위스를 떠나 부다페스트로 가면서 이틀을 빈에서 머물렀다. 부다페스트에서는 일자리를 얻지 못했기 때문에 2주밖에 있지 못했다. 이때 그는 동료와 함께 이탈리아 영사관에 도움을 요청했다. 영사는 이들에게 피우메(Fiume)로 가는 기차표를 얻을 수 있는 바우처를 제공했다. 피우메에 도착한 루케니는 계속하여 트리에스트(Triest)로 갔다. 여기서 오스트리아 경찰에 체포되어 며칠간 구금된 후에 이탈리아로 추방되었다. 1894년 7월, 군에 입대해 3년 반 동안 복무했다.

1896년, 아베시니아 전투에 참여하여 훈장을 받았다. 군 복무 기간은 반항적인 태도 때문에 교관들에게 괴롭힘을 당하기도 했지만, 의복과 음식을 규칙적으로 제공받았기에 그의 인생에서 가장 밝은 시기였다. 군 복무를 마친 루케니는 1898년 4월 초, 화물 글라이더(Glider)를 타고 제네바로 갔다(글라이더는 무동력으로 활공 비행하는 항공기를 뜻한다). 제네바에 도착한 그는 벤티밀리아(Ventimiglia)와 몬테카를로(Monte Carlo)를 거쳐 토리노(Torino)까지 걸어갔다. 토리노에서 일자리를 얻으려 했으나 실패한 후 다시 스위스로 돌아갔다. 그 후 5주 동안 잘반(Salvan)에서 벽돌공으로 일하다가 로잔으로 이동했다. 이 도시에서 그는 우체국 신축 공사장의 임시 노동자가 되었다.

루케니는 하층민의 절대적 빈곤과 자신이 겪은 비참한 생활 때문에 기존 질서 체제를 몹시 증오하고 있었다. 그리하여 무정부주의에 관심을 가졌고, 열성적으로 그 이론을 습득했다. 다른 무정부주의자들과 접촉하지는 않지만, 통치자와 그를 추종하는 상류층을 가리켜 성가신 기생충, 가난한 신민의 피를 빨아먹는 존재에 불과하다는 과격한 발언을 하기도 했다.

1898년 5월 이탈리아 국왕 움베르트 1세(Umberto I, 1878~1900)가 밀라노에서 발생한 노동자 봉기를 무력으로 진압하자 그를 암살할 계획을 세웠지만, 그 계획을 실행할 만한 돈이 없었다. 앙리 필리프 마리 도를레앙(Henri Phillippe Marie d,Orleans) 왕자를 암살하려는 계획 역시 왕자의 방문이 취소되는 바람에 실패했다. 그 대신 신문에서 엘리자베트 황후의 기사를 읽고, 그녀를 살해 대상으로 정했다. 루케니는 특정한 국가의 통치 계층을 겨냥한 것이 아니라 당시 기득권 계층 모두를 살해 대상으로 삼은 것이다. 이것은 무정부주의자들의 기본적 관점과도 일치한다고 볼 수 있다.

엘리자베트의 가슴에 난 작은 상처에서는 피가 흘러나왔지만 입고 있던 검은 옷 때문에 티가 나지 않았고, 받쳐 입은 코르셋 때문에 황후 자신도, 시녀도 상처와 출혈이 얼마나 심각한지 깨닫지 못했다. 엘리자베트는 날씬한 몸매를 유지하기 위해 임신했을 때를 제외하고는 항상 꽉 조이는 코르셋을 입고 다녔던 것이다. 황후가 칼을 맞고 비틀거렸어도 시녀나 목격자들은 코르셋이 너무 조여서 그런 것으로 생각했다.

엘리자베트는 가던 길을 계속 걸어 몽드코(Mont de Caux)로 떠나는 배에 탔다. 선실에 들어가 검은 옷을 벗고 코르셋을 풀자, 코르셋에 막혔던 출혈이 터져나왔다. 황후는 실신했다. 응급 처치를 하면 살 수 있었겠지만, 배에는 의사와 간호사가 없었다. 시녀가 급히 선장에게 황후의 신분을 알려 배를 돌리게 했다. 황후는 뒤늦게서야 호텔로 옮겨졌고 급히 의사가 달려왔지만, 단 한 번 정신을 차렸다가 "무슨 일이 일어난 거야?"라는 한마디만 남기고 숨을 거두었다. 유언마저 남기지 못한 갑작스러운 죽음이었다.

엘리자베트의 죽음을 알리는 전보가 그날 바로 황궁으로 날아갔다. 그날도 어김없이 집무실 책상에 앉아 있던 프란츠 요제프 1세는 황후의 죽음을 전하는 보고를 받고 책상에서 정신을 잃었다. 정신을 차린 황제는 "내가 그녀를 얼마나 사랑했는지 아무도 모른다. 이제 나에게는 아무것도 남지 않았다"라고 중얼거렸다.

프란츠 요제프 1세는 소년 시절부터의 습관대로 바퀴 달린 침대에서 자고, 접을 수 있는 나무 의자 위에 올려놓은 대야를 사용하여 씻고, 혼자일 때는 소박한 식사도 했다. 그러면서도 엘리자베트가 원하는 것은 모두 해주었다. 영국 여왕으로부터 요트를 빌리는 비용, 그녀가 수년 동안 원했던 그리스풍 별장 건축에 필요한 막대한 비용도 대주었다.

프란츠 요제프 1세가 그나마 위안을 얻을 수 있었던 것은 황후가 루돌프 황태자처럼 자살한 것이 아니라 살해당했다는 사실이었다. 실제로 프란츠 요제프 1세는 항상 황후가 루돌프 황태자를 따라 자살하지 않을까 두려워했다. 신앙심이 깊은 황제는 기독교 교리에 따라 자살한 사람은 천국에 가지 못한다고 믿고 있었고, 아내가 자살한다면 그녀 역시 구원받기 어려울 것으로 생각했다.

기독교가 자살을 부정적으로 인식하게 된 것은 초기 기독교가 피타고라스와 신플라톤학파의 관점을 수용했기 때문이다. 피타고라스학파에서는 인간의 영혼은 죄를 지어 육신에 갇힌 것이기 때문에 스스로 목숨을 끊지 말고 살아서 속죄해야 한다며 자살을 죄악시했고, 플라톤은 사람은 자신이 갇힌 감옥의 문을 열고 달아날 권리가 없는 죄수이기 때문에 신이 그를 부를 때까지 스스로 목숨을 끊지 말고 기다려야 한다고 했다. 아리스토텔레스 역시 자살은 단지 어려움으로부터 도피하는 아주 비겁한 행동이라고 했다. 이러한 그리스 철학의 영향을 받아 초기 기독교의 이론적 토대를 정립한 성 아우구스티누스는 『신국론』에서 '살인하지 말라'라는 제5계명을 신성불가침한 것으로 규정했고, 자살 역시 이에 해당한다고 주장했다. 이후 기독교는 자살 금지를 기독교의 근본 교리에 포함시킨 것이다.

프란츠 요제프 1세는 아들의 자살, 부인의 끔찍한 죽음을 비롯한 여러 사건 때문에 '슬퍼하는 자'라는 이미지를 가지게 되었다. 엘리자베트의 암살 이후, 프란츠 요제프 1세의 개인적 비애와 통치자로서의 부담은 그리스도의 가시 면류관에 비유되기까지도 했다. 어느 전기 작가는 그에 대해 인간적 고통을 격렬하게 겪은 인물 중 한 명이었다고 평가했다. 온갖 시련에도 그는 제국의 여러 민족을 세심하게 돌보는, 그리고 신민들이 마음 놓고 잠들 수 있게끔 밤늦게까지 일하는 '거친 파도 한가운데의 거대한 바위'로 간주되었다.

실제로 프란츠 요제프 1세의 개인 생활은 매우 엄격했다. 그는 매일 아침 5시에 일어났으며 늦어도 밤 11시에는 반드시 잠자리에 들었다. 에스파냐 궁정 의식을 고수한 것은 새로운 것을 싫어했던 성향에서 비롯된 것 같다. 방문객을 맞을 때는 꼼짝도 않고 서서 한 사람 한 사람씩 그들의 말을 경청했고 그가 고개를 한 번 끄덕이면 알현은 끝이었다. 방문객은 황제에게 등 돌린 모습을 보이지 않도록 뒷걸음으로 그곳을 떠나야 했다. 누가 접견 허락을 받게 될 것인가는 황제보다 수석 황실 집사가 결정했다. 황제는 공식 행사에서 헝가리와 오스트리아 국왕을 칭하는 '사도다운 전하, 우리의 자비로운 황제'라고 부를 것을 요구했다. 그는 생을 마칠 때까지 에스파냐식으로 차린 식탁에서 식사했으며, 요리 오른쪽에 있는 은식기를 사용했다. 음식이 잇달아 나오는 쇤브룬의 정식 만찬에서는 황제가 한 접시를 끝내면 손님들도 먹는 것을 즉시 중단해야 했다. 황제의 식사 속도가 매우 빨라서 대다수 손님은 맛있는 음식을 제대로 즐길 겨를이 없었으며 반밖에 못 먹고 연회장을 떠나는 사람도 있었다.

제네바에서 체포된 루케니는 1898년 11월 10일 오스트리아 황후를 살해한 혐의로 종신형을 선고받았다. 그 자신이 사형을 요구했는데, 일하지 않는 사람은 먹어서도 안 된다는 귀족을 향한 주장과 함께 아마도 단두대 아래서 마지막으로 대중 앞에 모습을 드러내고 아나키스트 운동의 순교자로서 참여하기 위해서였을 것이다. 사건이 일어난 해, 아나키스트들의 공격에 대응하는 사회적 방어를 위한 국제회의가 로마에서 개최되기도 했다.

루케니는 제네바와는 달리 사형제도가 폐지되지 않은 이탈리아로 인도해달라고 요구했지만 받아들여지지 않았다. 구금된 상태에서 루케니는 공격적으로 행동했다. 회고록을 빼앗긴 후에는 더욱 그랬다. 그는 교도관과 교도소장을 여러 차례 공격했고, 감방에서 슬리퍼를 짤 때 사용하던 송곳으로 교도관을 찌르려고 했다. 1910년 10월 19일 루케니는 어두운 감방에서 허리띠로 목을 매달아 생을 마감했다.

동성애 스캔들

폐쇄된 왕실에서 확인되는 또 하나의 특징은 동
성애 성향의 인물들이 의외로 많다는 것이다.
호엔촐레른 가문에서는 프리드리히 2세가 대표
적인데, 그의 왕세자 시절 동성애 파트너로는
카테, 프레데르스도르, 그리고 알카로티 같은 사
람들이 있었다. 물론 카테와의 관계는 동성애가
아니었다는 반론도 있지만, 부왕 프리드리히 빌
헬름 1세는 두 사람 사이를 동성애 관계로 단정
했고, 그로 인해 카테는 목숨까지 잃었다.

마리아 테레지아의 장남 요제프의 부인 이사벨
라가 남편보다 시누이 마리아 크리스티네를 더
사랑했다는 이야기도 유명하다. 이사벨라의 레
즈비언 성향으로 인해 이사벨라에 대한 요제프
의 진심 어린 사랑에도 불구하고 그들의 결혼생
활은 원만하지 못했다.

1

프리드리히 2세와 프레데르스도르프

왕세자 시절, 국외 탈출을 감행하다 실패한 프리드리히 2세는 죄수 신분으로 떨어져, 1730년 11월 9일부터 퀴스트린의 전쟁 및 국유지 관리국에서 근무를 시작했다. 계몽사상가 볼테르의 회고록에 퀴스트린에서의 프리드리히 생활이 자세히 언급되어 있다. 여기서 프리드리히가 언제부터 볼테르를 알게 되었는지 확인해야 할 것이다. 프리드리히는 1736년부터 서신 교환을 통해 볼테르와 접촉했다. 프리드리히는 볼테르를 비롯한 사상가들이 제시한 계몽사상에 동의하는 입장이었다. 볼테르를 통해 프리드리히 2세는 많은 재기(Esprit)를 전수받았지만, 동시에 야비한 태도도 배웠다.

슐렌부르크 백작에 따르면, 프리드리히는 사람들로부터 조롱거리를 찾아내 비하하는 말을 하다가 곤란해지는 경우가 잦았다. 프리드리히 2세의 측근 렌도르프(Alfred Lehndorff) 백작도 일기에 프리드리히 2세의 음흉하고 비열한 행동 몇 가지를 삽화 형식으로 기술했다. 여기서는 1756년 1월 29일, 후에 프리드리히 2세의 뒤를 이은 조카 프리드리히 빌헬름의 생일 축하 만찬이 개최된 궁전에서의 일화를 소개하겠다.

만찬 식탁에서 프리드리히 2세는 탁자의 머리 부분에 앉아 있던 미혼여성 브란트(v. Brand)를 보고 당장 식탁에서 떠나라고 명령했다. 이어 그는 만찬에 함께한 사람들에게 말했다. "아름다운 여인들은 이성을 쉽게 낚을 수 있지만 그렇지 못한 여인들은 이성을 낚기보다 궁전을 배회할 따름이다. 그리고 남성들은 사방의 십 마일 거리에서 추한 여성들의 냄새를 감지할 수 있으므로 이러한 부류의 여성들은 평생 이성을 만나지 못할 것이다." 이러한 돌발적이고 음란한 발언을 들은 참석자들, 특히 여성들은 크게 경악했고, 만찬이 끝나자마자 가능한 한 빨리 그 자리를 떠나려고 했다. 헤센-다름슈타트(Hessen-Darmstadt) 대공국의 공녀는 자신의 가마를 기다리다 못해 만찬장에 있던 구식 가마를 타고 빨리 떠나려는 소동까지 일으켰다.

어쨌든 볼테르의 회고록에 따르면, 프리드리히 2세는 퀴스트린에서 처음 6개월 동안에는 시종 없이 생활했다. 이후에는 미카엘 가브리엘 프레데르스도르프(Michael Gabriel Fredersdorf)라는 사병이 그의 시중을 들었다. 프레데르스도르프는 1708년 가르츠(Garz an der Oder)에서 음악가의 아들로 태어났다. 이후 머스킷총으로 무장한 슈베린 보병연대에서 음악병으로 병역 의무를 수행했는데 이때 근무처가 퀴스트린이었다. 프리드리히는 그의 직속 사령관 슈베린(v. Schwerin)의 소개로 프레데르스도르프를 알게 되었다.

프리드리히의 개인 비서 역할을 하게 된 프레데르스도르프는 젊고 미남이었을 뿐만 아니라 프리드리히가 즐기던 플루트 연주에도 뛰어났다. 프리드리히는 부친의 지시로 퀴스트린에서 악기 연주를 할 수 없었기 때문에, 두 사람은 비밀리에 플루트를 합주했고, 그것이 프리드리히의 마음을 달래주었다. 시간이 지날수록 프레데르스도르프에 대한 프리드리히의 신뢰는 더욱 굳어졌다. 프리드리히가 퀴스트린을 떠나 베를린에서 북쪽으로 100킬로미터 정도 떨어진 라인스베르크 (Rheinsberg)성으로 가게 되자, 프레데르스도르프의 병역 의무를

미카엘 가브리엘 프레데르스도르프

면제시키고 처음에는 개인 시종, 나중에는 시종(Kammerdienst)으로 임명할 정도였다. 이때부터 프레데르스도르프는 프리드리히의 명령만 받고 그것을 충실히 이행했다.

1739년 라인스베르크에 머물던 빌펠트(Bielfeld) 남작의 묘사에 따르면, 프레데르스도르프는 키가 크고 건강해 보였으며, 영리함과 교활함, 예의바름, 세심함, 민첩함에 빠른 상황 적응 능력도 갖추고 있었다. 따라서 앞으로 프리드리히가 왕위를 계승할 때 큰 역할을 하게 되리라는 것이 빌펠트 남작의 분석이었다.

프리드리히는 국왕이 된 후 프레데르스도르프를 비밀 왕실 금고 관리관 및 사유재산 회계책임자로 임명했다. 그 외에 책임이 막중한 임무들도 맡겼는데, 그것은 왕실 금고 관리관이나 사유재산 회계책임자가 실행할 사안들이 아니었다. 실제로 그는 프리드리히의 담배통, 예술품,

악기 구매를 전담했고 군사 원정에서 국왕의 개인 물품 준비, 국왕 직할의 성과 정원들의 관리, 궁정에서 개최되는 연회 및 행사 참석자들에게 초청장을 발송하는 업무도 담당했다.

프레데르스도르프가 이러한 권한들을 행사하게 되니 왕궁을 출입하던 사람들은 그를 프리드리히 2세의 제1장관이라 칭하기도 했다. 왕비 엘리자베트 크리스티네 역시 프레데르스도르프의 영향력을 전해 들었기 때문에 1748년 샬로텐부르크 궁전 증축 행사에 참석하기 위해 그에게 편지를 보내 매우 공손하게 자신도 참석할 수 있는지 물었다. 편지에서 엘리자베트 크리스티네는 수행원 다섯만 데리고 행사에 참석하겠다고 했지만, 당시 행사의 참석 정원은 모두 45명으로 확정된 상태였다. 프레데르스도르프를 통해 왕궁 행사에 참석하려 했던 엘리자베트 크리스티네의 의도는 결국 프리드리히 2세의 거부로 좌절되었다.

1753년 프레데르스도르프는 부유한 상속녀와 결혼하여 브란덴부르크 문(Brandenburger Tor)에서 그리 멀리 떨어지지 않은 곳에 저택까지 소유하게 되었다. 프리드리히 2세는 이에 대해 별 반응을 보이지 않았다.

프레데르스도르프의 결혼 후에도 그와 프리드리히 2세 사이의 관계는 변하지 않았고, 국왕은 그를 종종 궁전으로 불러 국사를 논의했다. 서신 교환도 계속 빈번했다. 두 사람 사이에 주고받은 편지의 주된 주제는 프레데르스도르프의 건강 상태였다. 프리드리히 2세는 마치 그가 프레데르스도르프의 남편이기라도 한 것처럼 다정한 태도를 보였다. 프레데르스도르프에 대한 국왕의 특별한 배려는 1754년 4월 그가 그동안 아팠던 프레데르스도르프의 건강이 회복된 것을 축하하기 위해 헝가리 포도주 두 병을 함께 마신 것에서 다시 확인할 수 있다.

1757년 프레데르스도르프는 프리드리히 2세에게 사직서를 제출했다. 그의 건강이 오랫동안 나빴던 것이 큰 이유였던 것 같다. 프리드리히 2세와 동성애 이상의 관계를 유지한 프레데르스도르프는 미모의 여인이 그 아름다움을 잃은 후 어떻게 행동해야 하는지도 잘 알고 있었다.

프리드리히 2세는 상수시(Sanssouci) 궁전의 자신 침실 곁에 프레데르스도르프를 위한 침실도 마련해두었고 실제로 프레데르스도르프는 이 침실을 사용하기도 했다. 이것을 통해 프레데르스도르프가 프리드리히 2세의 동성 연인이라는 주장이 제기되었고, 그것에 동의하는 역사가들도 적지 않다.*

---

* 그러나 프리드리히 2세는 남색(Sodomie)에 대한 사형 제도는 폐지하려 하지 않았다.

2

프리드리히 2세와 알가로티

1740년 5월 30일 프로이센 국왕으로 즉위한 프리드리히 2세는 6월 2일 당시 런던에 머물던 프란체스코 알가로티(Francesco Algarotti)에게 서신을 보내 베를린에서 활동하라고 권했다. 이에 따라 알가로티는 6월 28일 베를린에 왔고 그로부터 프로이센 군주와 그 사이의 관계는 매우 긴밀해졌고 그들의 동성애적 사랑 역시 본격화되었다.

프리드리히 2세의 동성 연인 중 한 명으로 간주된 알가로티는 1712년 12월 11일 베네치아의 부유한 상인 로코 알가로티(Roco Algarotti)와 부인 마리아(Maria) 사이에서 태어났다. 그는 볼로냐(Bologna)대학에서 6년간 공부한 후 식견을 높이기 위해 유럽 여행에 나섰다. 1735년 알가로티는 프랑스에서 볼테르와 만나, 볼테르가 지향한 계몽사상의 근간을 파악했고 그에 찬동했다. 그 후 프랑스를 떠나 런던에 도착했을 때 그는 볼테르의 추천장을 지니고 있었다.

런던에서 그는 영국 학술원(Royal Society)의 정식 회원이 되었다. 이미 볼로냐대학에서 뉴턴에 관한 연구로 명성을 얻은 알가로티는 1737년

나폴리에서 『여성 세계를 위한 뉴턴(*Il Newtonianismo per le dame ovvero Dialoghi sopra La Luce EI Corori*)』이라는 저서를 간행한 바 있다. 이 책은 뉴턴의 이론을 간결히 정리하여 여성들의 이해도를 높이면 자연과학에 대한 그들의 관심 역시 증대할 것이라는 판단에서 집필한 것이었다.

알가로티

1739년 알가로티는 볼티모어 경(Lord Baltimore)이 이끄는 특별사절단의 일원으로 상트페테르부르크를 방문했다. 이 사절단은 당시 러시아 황녀의 조카딸인 엘리자베트 카타리나 크리스티네 폰 메클렌부르크–슈베린(Elisabeth Katharina Christine v. Mecklenburg–Schwerin)과 안톤 울리히 폰 브라운슈바이크–볼펜뷔텔(Anton Ulrich v. Braunschweig–Wolfenbüttel)의 결혼을 축하하기 위해 꾸려졌다. 알가로티는 이 러시아 여행을 일기 스케치 형태로 작성했는데 이것은 1760년 『러시아 여행(*Viaggi die Russia*)』이라는 제목으로 출간되었다.

상트페테르부르크에서 런던으로 돌아가는 길에 알가로티는 1739년 여름 프리드리히 빌헬름 1세의 초청으로 벌링턴(Burlington) 경과 함께 베를린을 방문했다. 같은 해 9월 알가로티는 라인스베르크성에 가서 프리드리히 왕세자와 만났고 이후부터 이들은 서로를 친구로 생각할 정도로 가까워졌다. 알가로티는 라인스베르크성에 8일 동안 머물렀고, 이때 볼테르에게 편지를 보내 프리드리히의 첫인상에 대해 언급했다. 프리드리히는 매우 매혹적인 왕세자이고, 그와의 대화를 통해 얻은 것도 많았다는 것이다.

알가로티를 만나고부터 프리드리히는 그에게서 예술의 다양성을 배우려고 했다. 실제로 알가로티는 그리스 및 로마 문명에 관심이 많았고 이 분야에 대한 식견도 높았으며, 문학 · 철학 · 예술 · 건축에 대해서도 해박한 지식을 겸비하고 있었다. 그는 예술, 문학 및 철학 교사로 간주될 정도로 널리 알려진 지식인이었다. 이에 반해 군인 왕의 아들로 태어난 프리드리히는 라틴 및 그리스 문화에 대해서는 거의 문외한이었다. 문화의 중요성을 인정하고 있는 이탈리아나 영국, 프랑스 왕실에서는 필수적 교양이라 할 예술 및 건축을 프리드리히는 배우지 못했다.

프리드리히 빌헬름 1세가 사망한 후 프리드리히 2세는 프로이센의 통치자 신분으로 알가로티와 함께 7월 7일 쾨니히스베르크로 떠났다. 그곳에서 프로이센 국왕으로서 선서식을 해야 했기 때문이다. 이때 프리드리히 2세가 왕비 엘리자베트 크리스티네 대신 알가로티를 참석시킨 것은 당시 프리드리히 2세와 왕비 사이의 불편한 관계를 확인시켜주는 일례라 하겠다. 베를린으로 돌아온 후 프리드리히 2세는 알가로티에게 백작위를 하사했다.

프리드리히 2세는 1740년 8월 알가로티와 같이 누이 빌헬미네가 사는 바이로이트를 방문했다. 이곳은 니더라인(Niederrhein)에 위치한 브란덴부르크–프로이센의 영토였다. 누이를 만나고 돌아오는 길에 프리드리히 2세는 알가로티와 함께 신분을 숨기고 프랑스 국경 근처의 켈(Kehl)

을 방문했다가 슈트라스부르크까지 갔다. 그러나 프로이센군에서 복무하던 퇴역군인이 프리드리히 2세의 호위대를 알아보는 바람에 그들은 바로 배를 타고 니더라인의 베젤(Wesel) 근처에 있는 모이란트(Moyland)성으로 이동했다.

알가로티는 1741년, 즉 제1차 오스트리아 왕위계승전쟁이 진행되던 시점에 프리드리히 2세의 명에 따라 피에몬테–사르데냐(Piemonte Sardegna) 왕국의 수도 토리노(Torino)에 가서 왕을 알현했다. 그는 피에몬테–사르데냐 국왕에게 이탈리아에 있는 오스트리아의 영토를 공격해달라고 요청했지만 거절당했다.

1743년부터 1747년까지 알가로티는 작센 공국에서 활동하다가 1747년 3월 중순 베를린으로 귀환했다. 작센 공국에서 알가로티는 프리드리히 아우구스트 2세의 요청에 따라 해박한 전문 지식을 토대로 『드레스덴 왕실 예술품들에 대한 회고문을 보충한 도감(Progetto per ridurre a compimento il Regio Museo di Dresda)』 출판을 주도했다.

베를린으로 돌아온 알가로티와 독대한 후 프리드리히 2세는 그를 시종장으로 임명했을 했을 뿐만 아니라 고액의 연금 지급까지 약속했다. 같은 해 4월 23일 프리드리히 2세는 알가로티에게 '공훈훈장'를 수여했다. 이 훈장은 1740년부터 국가를 위해 공헌한 장군들에게 수여된 일종의 무공훈장이었다. 볼테르 역시 같은 훈장을 프리드리히 2세로부터 받았다.

1747년 알가로티는 프로이센 학술원 '국외회원'으로 임명되었다. 이때부터 1753년까지 알가로티는 프리드리히 2세가 개최하는 점심 만찬의 중요한 회식자로 간주되었고 이 시기에 알가로티와 프리드리히 2세 사이의 애정은 더욱 깊어졌다.

당시 프리드리히 2세는 알가로티의 도움을 받아 포츠담을 유럽 예술세계의 중심지로 부각시키려고 구상하고 있었다. 그러나 알가로티가 1753년 건강상의 이유로 이탈리아로 돌아가면서 프리드리히 2세의 구상은 중단되었다.

이탈리아에 돌아간 이후에도 알가로티와 프리드리히 2세와의 접촉은 계속되었다. 알가로티는 이탈리아에서 출간된 신간들을 프리드리히 2세에게 보냈을 뿐만 아니라 그의 건강한 식단을 위해 브로콜리와 멜론 씨앗을 보내 재배하게 했고 신선한 캐비아(철갑상어 알)도 정기적으로 보냈다.

1764년 알가로티는 피사에서 생을 마감했다. 병명은 결핵이었다. 절친한 친구이자 인생의 반려자가 사망했다는 소식을 접한 프리드리히 2세는 알가로티의 모든 저서를 독일어로 번역할 것을 지시했다. 그리고 그는 피사의 캄포산토 모누멘탈레(Camposanto Monumentale)에 매장된 알가로티의 무덤 앞에 비석을 세우게 했고 거기에 다음과 같은 문장을 세기게 했다. "알가로티, 오비디우스를 본받으려고 노력했고, 뉴턴의 제자였다. 프리드리히 대왕.(Algarotto Ovidii Aemulo, Newtoni Discipulo Friericus Magnus)"

3

이사벨라와 마리아 크리스티네

마리아 테레지아의 며느리가 된 이사벨라 대공녀

오스트리아의 여왕 마리아 테레지아는 1752년부터, 즉 아들 요제프가 열두 살이 되고부터 아들의 결혼에 대해 생각했고 가능한 한 빨리 결혼시키려고 했다. 1759년 2월, 프랑스의 루이 15세는 마리아 테레지아에게 며느릿감으로 파르마 대공 필리프의 장녀 이사벨라 대공녀를 추천했다. 이사벨라의 어머니 루이제 엘리자베트는 루이 15세가 매우 아끼던 딸이었다. 마리아 테레지아 역시 루이 15세의 손녀를 며느리로 맞이한다면 부르봉 가문과의 관계가 긴밀해질 뿐만 아니라 이탈리아에서의 오스트리아 위상이 높아질 거라고 믿고 긍정적인 반응을 보였다.

왕족이나 귀족들의 혼담은 초상화를 주고받으며 시작되는 게 일반적이다. 이사벨라의 초상을 본 요제프는 즉시 그녀의 외모에 반해버렸다. 마리아 테레지아 역시 이사벨라의 초상화를 보고 만족했다. 그녀는 이사벨라가 '매우 활달한 성격을 가진 것 같고 외모 역시 호감이 가며 겸

손한 것 같다'라고 했다. 그녀는 요제프가 성격은 좋지만 소극적인 면이 있어 앞으로 부부 사이에 문제가 있을 수도 있을 거라고 걱정했는데, 그 불길한 예감은 결국 맞아떨어진다.

신부에게 보낼 청혼 사절로 임명된 리히텐슈타인(Wenzel Joseph Graf v. Lichtenstein) 백작이 화려하게 꾸민 마차를 몰고 파르마 대공국으로 갔고, 1760년 9월 7일 그곳에서 대리약혼(per procuratorem)까지 이행했다. 같은 날 신부는 6두 마차를 타고 빈으로 향했는데, 이때 동원된 6두 마차가 모두 64대나 되었다. 이사벨라가 락센부르크성에 이르자 신성로마제국의 황제 프란츠 1세가 그녀를 맞이하여 신랑과 마리아 테레지아에게 인도했고, 같은 해 10월 6일 결혼식이 보르메오 추기경 주도로 아우구스티너키르헤에서 성대하게 진행되었다.

7년전쟁(1756~1763) 중이었기 때문에 오스트리아의 재정 상황은 좋지 못했다. 그런데도 마리아 테레지아가 300만 굴덴에 달하는 거액을 지출하여 결혼식을 화려하게 치른 것은 합스부르크 가문이 국가 신용도 유지에 필요한 재력을 충분히 갖추었음을 대외적으로 널리 알리기 위해서였다. 요제프의 결혼은 합스부르크 가문의 총수가 될 인물의 결혼식이었기 때문에 온 나라는 축제 분위기에 휩싸였고 심지어 빈의 시민들은 프로이센과의 전투에서 오스트리아군이 대패했다는 소식에도 크게 개의치 않았다.

요제프는 170센티미터가 넘는 키에 용모 수려한 청년이었고, 20세 동갑내기인 이사벨라 역시 170센티미터의 키에 아름다운 검은 눈을 가진 미인이었다. 게다가 이사벨라는 영리하고 교양도 충분하며, 당시 남자들이 원하는 것 모두를 갖춘 신붓감이었다. 크레모나에서 만든 명품

바이올린을 잘 켜는 만큼 계산도 잘했고, 철학적 논리를 정확히 전개했고, 그림도 잘 그렸으며, 군대에 대한 전문적 지식까지 갖추었다. 이사벨라는 결혼 후 남편 요제프와 더불어 황제 부부에게도 딸처럼 사랑을 받았고 빈 궁정의 모든 사람 역시 그녀를 좋아했다. 요제프가 피아노를 치면, 이사벨라는 그것에 맞추어 바이올린을 연주하곤 했다.

그러나 가문의 유전적 요인에서 비롯된 이사벨라의 우울증은 점점 심해져서, 죽음에 대한 두려움과 동경으로 점차 황실 가족들을 낯설게 대했고, 요제프의 사랑마저 받아들이지 못했다.

합스부르크 가문의 유전적 우울증

근친결혼에서 비롯된 유전적 요인으로 발생하는 우울증은 합스부르크 가문에서도 확인된다. 마리아 테레지아의 부친 카를 6세도 우울증에 시달렸다. 카를 6세는 측근인 알트한(Johann Michael v. Althann) 백작이 죽은 후 심한 우울증에 빠져 상당히 오랫동안 고생했다. 우울증에 시달리는 동안 어지러워하거나 넘어지는 경우도 많았다. 주치의는 카를스바트(Karlsbad) 온천수를 마셔보라고 처방했지만, 별 효과를 거두지 못했다. 이후에도 외세의 침입에 정부가 제대로 대처하지 못할 때마다 우울증이 도졌고, 말년에는 증상이 더 자주 나타났다.

마리아 테레지아의 변덕스러운 성격 역시 우울증이 원인이었다. 즉위하자마자 발발한 왕위계승전쟁 때문에 마리아 테레지아는 통치권을 포기하려고까지 생각한 적도 있었는데, 이에 대해 그녀는 6개월에 한 번씩 찾아오는 병, 특히 가을에 나타나는 병 때문인 것 같다는 말을 하기도 했다. 카를 6세와 마찬가지로 마리아 테레지아 역시 우울증이 심해지면 어지러워하거나 기절하기도 했다. 마리아 테레지아는 자신의 병이 부친에게서 물려받은 가족력으로 인한 우울증임을 알고 있었다. 그래서 친한 측근들과의 산책이나 대화로 우울증을 이겨내보려고 나름대로 노력했지만, 그리 큰 효과를 거두지는 못했다. 1740년 말 마리아 테레지아가 절친한 신하인 실바-타루카에게 보낸 편지를 보면 그녀는 자신이 육신뿐만 아니라 정신적으로도 환자라고 하고, 가축이나 다름없다고 비하하기도 했다.

여왕은 자신이 우울증을 앓는다는 사실을 되도록 숨기려고 했다. 그러나 출산 직후나, 오스트리아군이 프로이센군에게 패전할 때면 그녀의 우울증은 주변 사람들도 눈치챌 정도로 심해졌다. 그녀가 평생 사랑한 남편이 젊은 여자들과 바람을 피울 때와, 그 남편이 갑자기 사망했을 때의 우울증은 매우 우려할 정도로 심각했다. 이때도 실바-타루카에게 편지를 보냈다. "살아오면서 지금처럼 나쁜 상황에 놓인 적은 처음인 것 같다. 요즘 나는 이성에 따르기보다는 습관적으로 행동하고 있다. 정말 나는 무능력하다." 이렇게 스스로를 비하한 것도 심한 우울 증세에서 비롯된 것이라 하겠다.

시누이와 올케의 금지된 사랑

역시 가족력인 우울증에 시달리던 이사벨라는 요제프의 누이동생인 마리아 크리스티네(Maria Christine)에게 동성애적 감정을 품기에 이른다. 유럽 왕실에서는 드물지 않은 현상이었다. 이사벨라가 마리아 크리스티네에게 보낸 편지들을 보면, 그녀가 남편에게 무관심하고 오히려 마리아 크리스티네에게 불같은 사랑을 느꼈음이 확인된다. 남성을 주제로 직접 쓴 소책자에서 이사벨라는 남성들에게 신랄한 조롱을 퍼붓기도 했다. 남자는 이기적이고 동물보다도 비이성적이라서 세상의 피조물 중에서 가장 무익한 존재이며, 따라서 신은 남성보다 여성을 상위에 올려놓았다는 것이다. 이것은 여성의 미덕으로 남성의 실수를 덮을 수 있다는 그녀의 판단에서 비롯된 것 같다.

출산 후 우울증이 심해진 이사벨라는 지나친 사랑 표현을 담은 편지들을 마리아 크리스티네에게 보냈다. 매일 황궁에서 마주치는 사이였지만, 이사벨라는 이른바 영혼의 거울이라는 편지를 마리아 크리스티네에게 자주 보내고 있었다. 이사벨라는 편지에서 마리아 크리스티네를 "내가 숭배할 만한 자매", "나의 신", "나의 심장", "나의 천사", "나의 여신"이라고 표현했다. "당신에게 완전히 빠진 것 같아요" "당신을 미친 듯이 사랑하고 있어요" "당신을 신으로 받들겠습니다"라는 문장은 확실한 동성애적 감정을 담고 있다. 이에 마리아 크리스티네가 반응을 보이지 않으면 이사벨라는 주변 사람들에게 그녀가 잔혹하고 불성실하다고 말하고 다녔다. 목욕을 하다가 눈물을 흘리며 마리아 크리스티네가 자신을 사랑하지 않는 것 같다고 푸념하기도 했다. 그러다가도 바로 자신의 편협한 질투를 후회하곤 했다. 마리아 크리스티네가 이사벨라의 동성애적 성향에 대해 어떤 반응을 보였는지는 확인할 수 없지만 주변 사람들의 증언에 따른다면, 매우 신중한 자세로 대처했음을 알 수 있다.

1763년 마리아 크리스티네에게 쓴 편지에는 죽음을 예고하는 듯한 내용이 쓰여 있다. 이후 이사벨라는 다시 임신했지만 1763년 11월 22일 난산으로 태어난 아기 마리아 크리스티나(Maria Christina)는 몇 분 후에 죽고 출산 직전에 걸렸던 천연두로 이사벨라 역시 5일 후에 사망하고 말았다.

요제프는 첫 번째 부인 이사벨라를 평생 잊지 못했다. 그는 요제프는 사랑하는 아내의 병상 곁에서 밤낮없이 간호하며 그녀의 마지막을 함께했고, 아내가 죽은 후 첫딸이자 유일한 혈육인 마리아 테레지아가 자신과 이사벨라를 이어주는 마지막 끈이라고 생각했기 때문에 딸에게 지극한 정성을 기울였다. 그러나 그 딸마저 1770년 1월 늑막염에 걸려 1주일 만에 사망하면서 그는 크게 낙심했고, 그 후유증에서 벗어나는 데도 상당한 시간이 필요했다.

근친혼의 비극

유럽에서 절대적 영향력을 행사하던 합스부르크 가문은 고귀한 핏줄을 더럽혀서는 안 된다는 이유로 근친혼을 고집했다. 여기서 합스부르크 가문의 가장 훌륭한 배필은 합스부르크 가문이라는 말까지 나왔다. 잇따른 근친혼 때문에 합스부르크 가문 후손들은 대부분 유전병을 가지고 태어났다. 많은 아이가 태어나자마자 사망하거나 요행히 유아기를 넘겨도 오래 살지 못했다. 예컨대 레오폴트 1세의 장남인 요제프 1세는 동생 카를 6세에게 왕위를 넘겨주었는데, 그것은 그의 아들 레오폴트 요제프가 태어난 지 1년 만에 사망했기 때문이다. 합스부르크 가문의 후계자가 일찍 사망하는 것이 유전병 때문이라는데 당시 궁정 의사들 역시 동의하고 있었다. 카를 6세의 맏아들 레오폴트 요한 또한 7개월 만에 생을 마감했는데 이것도 유전병과 관련되어 있을 것이다. 페르디난트 1세도 근친혼으로 인한 유전병을 안고 태어났다. 거대한 제국을 통치할 능력이 없는 인물이 황제가 되었을 때 발생할 수 있는 문제점은 페르디난트 1세를 통해 확인되었고, 그것으로 인해 페르디난트 1세는 1848년 강제로 퇴위당했다.

1

선천성 유전병이 있는 페르디난트

1792년에 즉위하여 33년간 ─ 신성로마제국의 황제로는 14년간 ─ 오스트리아 제국을 통치한 프란츠 1세(Franz I) ─ 신성로마제국의 황제로는 프란츠 2세 ─ 가 1835년에 서거했다. 당시 프란츠 1세에게는 4명의 아들이 있었다. 1793년 출생한 장남 페르디난트 1세(Ferdinand I, 재위 1835~1848)는 너무도 잦은 근친혼의 결과로 태어날 때부터 신체적·정신적 장애를 가지고 있었다. 거기에 간질, 구루병, 뇌수종까지 앓고 있어서 자주 발작을 일으켰다. 심하면 하루에도 서너 번씩 발작이 일어났다. 성장하면서 얼굴은 일그러지고, 입은 비뚤어졌으며, 말을 더듬어 조리 있는 의사 표시가 힘들었다. 이것은 아래턱이 너무 커서 비롯된 증상이라 하겠다.

유전학 분야 전문가들이 결성한 미국국립유전상담학회(NSGC)가 2021년 제시한 기준에 따르면, 일반적으로 아이가 선천적 기형·유전병을 가지고 태어날 확률은 3.45%~4.55%인데, 유전 질환이 없는 사촌 간 부부의 아이에게서 선천적 기형·유전병이 나타날 확률은 평균보다

1.7%~2.8%가량 높아서, 최대 7.5%나 된다고 한다. 그리고 사촌간 부부 중의 한 명이라도 유전 질환을 가졌다면, 유전병 발병 위험률은 이보다 높으리라고 미국 국립유전상담학회가 분석하고 있다.

기형에 온갖 질병을 달고 태어난 페르디난트를 위해 빈 황실은 전통적 관습에서 벗어난 양육 방법을 채택했다. 원래 황실의 자손은 여섯 살이 넘으면 남성 양육자에게서 교육을 받아야 하는데 페르디난트는 아홉 살까지 여성의 양육과 교육을 받은 것이다.

페르디난트는 아홉 살이 된 1802년 4월부터 남성 후견인인 스테파네오 카르네아(Franz von Steffaneo-Carnea)로부터 교육을 받았지만, 기대한 것 이상의 성과를 거두지 못했다. 모친 마리아 테레사(Maria Teresa) 황후*는 스테파네오-카르네아를 해임하고 새로운 후견인을 찾고자 했다.

1807년 4월 13일 마리아 테레사가 사망함에 따라 페르디난트의 교육은 계모 마리아 루도비카(Maria Ludovika von Este)가 담당하게 되었다. 1787년 이탈리아 몬차(Monza)에서 태어난 마리아 루도비카는 1808년 1월 6일 프란츠 1세와 결혼했다. 프란츠 1세의 사촌으로, 상냥하고 우아하고 영리하고 다감하고 예술에 대해 해박한 지식을 갖춘 여인이었으나, 결혼 직후 폐결핵에 걸려 건강이 급속히 나빠졌기 때문에 임신을 하지 못했다. 그러나 마리아 루도비카는 1816년 사망할 때까지 의붓아들인 페르디난트의 교육과 개인적 신상에 깊은 관심을 보였다.

페르디난트 밑으로 건강한 아우들도 있었지만, 프란츠 1세가 장자

---

* 1790년 프란츠 1세와 결혼한 마리아 테레사는 모두 12명(4남 8녀)의 자녀를 출산했다.

계승 원칙을 고수했으므로 페르디난트는 1804년 일찌감치 황태자로 책봉되었다. 그러나 비정상적인 태도로 인해 그는 점점 공개석상에서 배제되었고, 상황이 자기 뜻대로 되지 않는 때면 미친 것처럼 날뛰기도 했다.

페르디난트 1세

그런데도 페르디난트는 1831년 38세의 늦은 나이에 사르데냐-피에몬테 국왕 빅토르 에마누엘레 1세(Victor Emmanuel I)와 오스트리아에스테의 마리아 테레지아 대공녀 딸 마리아 안나(Maria Anna)와 결혼했다. 그들은 육촌간이기도 하다. 이 결혼은 당시 빈 정부의 실세였던 메테르니히 주도로 진행되었다.

1831년 페르디난트는 빈의 노이슈타트(Neustadt)와 노이키르히(Neukirch)의 중간 지점에서 신부와 처음으로 만났다. 마리아 안나는 그때까지 빈 황실에서 토리노로 보낸, 인위적으로 잘 다듬어진 페르디난트의 초상화를 보았을 뿐이다. 그런데 어색한 걸음걸이, 일그러진 얼굴, 비정상적으로 높은 머리뼈, 거기다가 어눌하고 때때로 알아들을 수 없는 말을 중얼거리는 왜소한 남자가 그녀에게 다가오니 마리아 안나는 놀란 나머지 얼굴이 창백해졌고 흥분으로 떨었으며, 할 말도 잃어버렸다. 이

순간 그녀는 예비남편에게서 거의 아무것도 기대할 수 없음을 깨달았다. 그녀 역시 당시 혼기를 놓친 27세의 노처녀로서, 일그러진 입, 툭 튀어나온 치아, 그리고 창백한 피부를 가졌으므로 미모와는 거리가 멀었다. 결혼 후 황태자 부부는 오누이처럼 살았기 때문에 빈의 황실은 마리아 안나가 언젠가 아이를 가질 것이라는 희망도 포기했다.

그러나 신체적·정신적으로 장애를 가진 페르디난트는 의외의 분야에서 재능을 보였다. 그는 5개 국어, 특히 헝가리어에 능통했고 두 가지 악기를 연주할 수 있었으며, 유화, 승마, 펜싱, 사격에 능했고 과학적인 탐구에도 열성을 보였다.

2

조피 프리데리케의 야심

후계자 출산에 모든 것을 걸다

프란츠 1세의 셋째 아들 프란츠 카를(Franz Karl)은 22세가 된 1824년, 형보다 7년 먼저 결혼했다. 신부는 바이에른 왕국 막시밀리안 1세의 여덟 번째 딸인 19세의 조피 프리데리케(Sophie Friedericke Dorothea Wilhemine v. Bayern)였다.

조피 프리데리케 공주는 1824년 5월 테게른제(Tegernsee)에서 프란츠 카를 대공을 처음 만났다. 사실, 대공에게는 젊은 아가씨를 유혹할 만한 매력이 없었다. 실제로 프란츠 카를은 혈기 왕성한 동화 속의 왕자가 아니었다. 형처럼 곱사등이도 아니고 머리뼈 역시 기형이 아니었지만, 키가 작았다. 착하고 친절했지만, 특별한 업적을 기대할 정도의 수완도 가지지 못했다. 단지 사냥에만 관심을 가진 평범한 황족에 불과했다. 그러나 이러한 것은 조피 프리데리케에는 문제가 되지 않았다. 프란츠 카를과 조피 프리데리케의 결혼은 1824년 11월 4일 빈에서 거행되었다.

조피 프리드리케
대공비

　유럽 여러 왕국의 공주들은 무조건 정해진 혼사를 받아들여야 했고
이것은 일종의 관례로 여겨졌다. 특히 바이에른 국왕의 딸들은 빠르게
복종했다. 그것은 막시밀리안 1세가 가정에서 폭군처럼 엄격하게, 관료
처럼 꼼꼼하고 세심하게 딸들을 교육했기 때문이다. 후계자로서 결격
사유를 가진 페르디난트를 제치고, 그의 동생인 프란츠 카를이 차기 오
스트리아 황제가 되리라 예상한 막시밀리안 1세는 프란츠 1세의 셋째
아들을 사위로 맞아들였다.

　프란츠 카를 대공과 결혼한 조피 프리데리케는 1826년 임신했지만,

유산하고 말았다. 다음 해 6월 다시 임신 징후가 나타났지만, 이번에도 출산하지 못했다. 유산은 했지만 임신이 되긴 했으니 프란츠 카를에게 신체적 결함이 없음이 입증된 셈이라, 대공은 가장 좋아하던 사냥에 전념할 수 있었다. 이제 자식이 태어나지 않는 것은 전적으로 조피 프레데리케의 책임이 되었다.

황태자 페르디난트와 마리아 안나 사이에서 후계자를 기대할 수 없다고 판단한 빈 황실이 모색한 차선책은 프란츠 카를 부부에게서 자손을 보는 것이었다. 온천이 임신에 도움을 줄 수도 있다는 기대에서 조피 프리데리케 대공비는 바트 이스흘로 보내졌다. 이 도시에서 의사들은 많은 조언을 쏟아냈고, 측근은 물론이고 황제도 대공비에게 그 조언들을 따르도록 권유했다. 점차 조피 프리데리케는 임신하지 못한다면, 황실이 자신에게 얼마나 실망할 것인가 두려워하게 되었다. 게다가 불행한 시아주버니 페르디난트와 미성숙한 남편을 생각하면, 가능한 한 빨리 건강한 아들을 출산하는 것만큼 중요한 일이 없어 보였다.

1829년 11월, 바트 이스흘에서 충분히 요양한 조피는 다시 임신했다. 황제의 주치의이자, 1811년 베토벤(Ludwig van Beethoven)을 불치병에서 벗어나게 해준 명의인 말파티(Johann Malfatti) 박사가 조피 프리데리케의 출산에 관여했다. 이제 프란츠 카를의 아내가 출산하지 못한다면, 그의 명성 역시 땅에 떨어질 상황이었다. 말파티 박사는 조피 프리데리케를 정중하게 감금했고, 8주 동안 그녀는 한 번도 자기 방을 떠나지 못했다. 조피 프리데리케는 말파티 박사에게 정식으로 항의한 끝에 3월에 딱 한 번 극장 나들이를 할 수 있었다. 단, 말파티 박사는 황궁에 있는 그녀의 방으로부터 케른트너토어(Kärntnertor) 극장의 좌석까지 가마를 타고 가라

고 고집했다. 그렇지 않아도 매우 건강하고 활기가 넘치는 대공비에게
는 고문이 아닐 수 없었다.

이 무렵 빈에는 극장이 두 개밖에 없었다. 호프부르크 궁전의 성채
극장은 레오폴트 2세(Leopold II, 1790~1792)가 세운 뒤 몇 차례 다른 용도
로 사용되다가 결국 실내 정구장으로 개조된 옛 목조 극장이다. 오늘날
의 자허(Sacher) 호텔 터에 있었던 케른트너토어 극장은 1761년에 발생한
화재 이후 황실 소유로 넘어갔다. 당시 두 개의 극장은 레퍼토리가 달랐
다. 성채극장에서는 주로 프랑스와 이탈리아의 오페라가 공연되었고,
케른트너토어 극장에서는 대중적 작품과 발레를 관람할 수 있었다. 두
극장에서 상영된 예술 작품의 장르는 일부 겹치기는 했지만, 희극은 거
의 케른트너토어 극장에서만 공연되었다.

장래의 황위 계승자에 대한 근심은 밤낮으로 황실을 옥죄는 요인이
었다. 5월 말 대공비는 쇤브룬 궁전으로 거처를 옮겼고 거기서는 가끔
신선한 공기를 쐴 수 있었다. 1830년 8월 16일 오후 산파 슈말츠(Schmalz)
가 황궁에 종을 울리자, 대공비의 침실과 주위 공간은 사람들로 가득 찼
다. 종친들만이 아니라 입궐할 수 있는 사람은 모두 왔다. 황궁 파티에
서처럼 서열이 높으면 높을수록 대공비의 침대에 가까이 다가섰다.

그러나 출산은 지연되어 사람들의 기다림이 길어졌다. 8월 17일 하
루 종일 사람들은 분만실 주위와 방 안으로 몰려들어, 하룻밤 꼬박 그들
이 교육받은 인내와 지구력으로 버텼다. 8월 18일 밤부터 대공비의 진
통이 시작되었다. 조피 프리데리케의 신음 소리는 친지와 둘러싸고 있
던 궁신들의 귓가에 몇 시간 동안 날카롭게 울렸다. 난산이었으며, 마지
막 순간에 다시 불행한 일이 발생하지 않을까 모두가 두려워했다.

마침내 기쁨의 눈물과 감격 속에 아주 건강한 아이가 태어났다. 이 아기가 바로 프란츠 요제프 1세였다.

조피 프리데리케 대공비는 프란츠 요제프의 출산으로 황실이 그녀에게 건 기대를 충족시켰으며, 황실이 바라던 그녀의 의무를 계속 수행했다. 1832년 둘째가 태어났다. 그에게는 페르디난트 막시밀리안이라는 이름이 지어졌고, 첫날부터 막스로 지칭되었다. 다음 해인 1833년에는 카를 루트비히 대공도 태어났다.*

거의 매년 대공들이 태어난 것은 분명히 황실의 경사였다. 황제와 황실에 행복을 가져다준 조피 프리데리케 대공비는 합스부르크 가문의 왕위계승자 모후들이 누렸던 것보다 훨씬 많은 특권을 행사했다.

어리석은 황제

1816년 11월 프란츠 1세의 네 번째 황후가 된 카롤리네 아우구스테(Karoline Auguste)는 막시밀리안 1세의 네 번째 딸이었는데, 사위의 전처 소생(프란츠 카를 대공의 모친은 나폴리-시칠리아 국왕 페르디난도 1세의 딸)을 다시 사위로 삼은 바이에른 국왕의 혼인 정책에서 권력 정상에 도달하기 위해 수단과 방법을 가리지 않던 왕정 시대의 정략결혼의 총체적 난맥상이 그대로 표출되었다.

---

* 1842년 넷째 아들이자 막내아들인 루트비히 빅토르(Ludwig Viktor)가 태어났다. 이에 앞서 1840년 10월 24일에도 아들을 낳았으나 그 아이는 사산되었다.

그렇게 여러 겹으로 혼맥을 맺으며 자기 핏줄에서 오스트리아 황제가 나오기를 기대했던 바이에른 국왕의 예상과는 달리 프란츠 1세 재위 시 이미 차기 황제로 지명된 페르디난트는 장자상속제(Majordomus)의 원칙과 정통성의 원칙을 고수한 메테르니히의 강력한 지지를 받고 있었다.

1835년 2월 중순, 67세의 프란츠 1세는 폐렴에 걸렸다. 황궁의 의사들은 이틀 동안 여섯 번의 사혈을 했지만, 연로한 황제에게는 별 도움이 되지 못했다. 같은 달 2월 27일 저녁부터 다음 날 아침에 걸쳐 프란츠 1세는 자신의 뜻을 측근에게 명령하거나 자필로 명시하며 사후를 준비했다. 그 과정에서 일부를 수정하기도 했다.

장남 페르디난트에게 보내는 편지에서는 국가 조직의 근본 토대를 변경하지 말 것과 가족 간의 친목을 유지하고 이것을 최상의 목표로 설정할 것을 당부했다. 그리고 향후 국가를 통치하면서 루트비히 대공, 페르디난트 막시밀리안 대공, 프란츠 카를 대공, 그리고 메테르니히와 협력하고 이들로부터 조언을 받으라고 했다. 프란츠 1세 자신이 정부의 중요한 업무들을 실행하면서 루트비히 대공으로부터 많은 조언을 받아왔듯이, 페르디난트 역시 중요한 정책을 결정하기 전에 반드시 그로부터 충분한 조언을 받으라는 것이었다.

그리고 프란츠 1세는 프란츠 카를과 우애를 유지하고 필요하다면 그의 조언 역시 받아들이라고 당부했다. 이어 메테르니히와의 관계에 대해서도 충고를 잊지 않았다. "지금까지 나의 충성스러운 신하이자 친구였던 메테르니히는 너에게도 정직할 것이고 충성을 맹세할 것이다. 앞으로 국가의 중요한 정책이나 인물을 결정할 때는 독자적으로 하지 말고 그와 함께 심도 있게 논의하고 조언을 들어라. 내가 경험한 바로는 이러한 절차가 국가 운영에 큰 도움이 되었다."

메테르니히 역시 페르디난트에게 문제가 있음을 파악하고 있었기 때문에, 그가 황제로 즉위한 이후 가능한 한 자주 독대의 시간을 가졌다. 그는 황제가 이해할 수 있도록 모든 사안을 비교적 간략히 정리해서 보고했고, 황제가 묻는 것에는 상세히 설명했다.

신체적·정신적 결함을 가졌음에도 불구하고 페르디난트 1세는 매우 상냥했고 신민들에게 애정과 동정심을 품고 있었다. 그러나 이러한 성격 때문에 황제로서의 권위에 전혀 어울리지 않는 이야기의 주인공으로 등장하기도 했다. 페르디난트 1세가 어느 날 비를 피해 근처 농가로 들어갔다. 그 집에서는 농부 일가가 저녁 식사로 완자를 먹고 있었다. 농부가 황제에게 완자를 권하자, 황제의 주치의는 황제가 그 음식을 제대로 소화시키지 못할 것이므로 먹지 말 것을 권유했다. 그러나 완자를 무척 먹고 싶었던 페르디난트 1세는 크게 화를 냈다. "나는 황제이다. 따라서 나도 완자를 먹을 수 있다." 이 말은 빈에 널리 퍼져 우스갯소리가 되었다.

장자만이 황위를 계승할 수 있다는 정통성의 원칙에 따라 황제로 즉위한 페르디난트 1세에게는 사실 거대한 국가를 통치할 능력이 없었다. 그런데도 메테르니히는 그가 황제가 되는 데 결정적 역할을 했다. 그것은 빈 정부에서 자신의 위상과 영향력을 잃지 않으려는 개인적 야심에서 비롯된 것 같다.

더 화려하게, 더 장엄하게

합스부르크와 호엔촐레른 가문의 통치자들은
국가 재정이 허용한다면 그들의 업적을 과시
하기 위한 궁전 신축에 관심을 보였다. 프리드
리히 빌헬름 4세의 지나친 절약 정책으로 튼튼
한 국가 재정을 넘겨받은 프리드리히 2세는 상
수시 궁전을 건축했다. 상수시 궁전은 규모보다
는 우아하고 수준 높은 건물로 당시 독일의 다
른 궁전들보다 뛰어났다. 경제적 어려움을 겪던
마리아 테레지아도 재위 기간 중 쇤브룬 궁전을
완공했다. 아담한 상수시 궁전과는 달리 쇤브룬
궁전은 천여 개의 방과 수백 개의 홀과 주방이
있을 정도로 규모가 방대한 궁전이었다.

1

우아한 상수시 궁전

상수시는 '～가 없는'이라는 뜻의 프랑스어 전치사 sans(상)와 '걱정'을 뜻하는 프랑스어 souci(수시)가 합쳐진 단어이다. 즉 '근심이 없다'라는 의미의 상수시 궁전은 프리드리히 2세 때 건축된 프로이센의 신궁이다. 건축이 가시화된 것은 1744년 8월 10일 프리드리히 2세의 명령이 떨어지고 나서부터이다. 프리드리히 2세가 새 궁전을 건축할 수 있었던 것은 부친으로부터 거액의 재산을 물려받았기 때문이다. 궁전 신축 명령에 앞서 그는 1744년 여름 자신 소유의 라인스베르크성을 동생 하인리히 왕자에게 선물했다.

상수시 궁전의 건물은 우아하고 수준이 높기로 당시 신성로마제국 내 다른 궁전들보다 월등했다. 시종을 비롯한 근무자들과 손님들을 위한 10여 개의 침실, 대리석 홀, 대식당, 소식당, 음악실, 집무실과 그에 딸린 창문 없는 작은 침실, 도서관, 화랑, 부엌, 마구간, 부속 건물 등으로 구성된 이 궁전은 규모는 그리 크지 않았지만, 매력 및 창의성에서 타의 추종을 불허했는데 그것은 건축 과정에서 지금까지 적용한 적이

상수시 궁전

없던 방법들이 활용되었기 때문이다.

　포츠담 외곽에 푸른 초원과 얕은 구릉을 끼고 시가지와 엘베강 지류인 하펠(Havel)강이 내려다보이는 지역에 궁전을 건설하겠다는 프리드리히 2세의 의지에 따라 장소가 모색되었다. 마침내 프리드리히 2세는 부친인 프리드리히 빌헬름 1세의 채소밭과 작은 여름 별장이 있는 지역에 신궁전을 건설하겠다는 계획을 밝혔고 그 자신이 상수시 궁전의 발코니를 직접 설계하기도 했다. 설계에 따라 구릉 경사면에 6단의 계단식 발코니가 지어지기 시작했고, 거기에 심을 무화과, 살구, 버찌, 석류, 자두, 포도 등의 과일나무를 미리 프랑스에 주문했다. 프리드리히 2세는 온실에서 재배할 채소와 희귀한 열대 과일도 확보하려고 했다.

　1745년 4월 14일, 궁전 건설을 알리는 초석이 세워지고 건축가 크노

벨스도르프(Knobelsdorff)와 그 협력자들에 의해 건축이 본격적으로 시작되었다. 건축 과정에서도 건축가들은 궁전 형태에 대해 계속해서 논의했고, 특히 습기 제거를 위해 지하실을 설치하게 되어 초기 설계도에서 약간 변경되었다.

상수시 궁전 건축에는 로코코(rokoko) 양식이 선택되었다. 로코코라는 단어는 로카이유(rocaille)라는 프랑스어에서 비롯되었다. 로카이유는 조약돌이나 조개 등으로 만든 장식물 혹은 인조 암석을 지칭한다. 그러므로 로코코 양식은 조약돌이나 조개껍데기를 세공하여 가구나 건축물 등을 장식하는 것이라 하겠다. 이 양식은 18세기 초 파리에서 시작되어 프랑스 전역과 독일 및 오스트리아로 퍼져 실내장식, 장식예술, 회화, 건축, 조각 양식으로 활용되었다. 들쭉날쭉한 가장자리, 금테를 두른 연한 색상의 장식 판자, 유리, 꽃다발, 사랑의 신 조각, 윤곽이 들쭉날쭉한 곡선의 가구에서 보듯이 매력, 우아함, 그리고 복잡한 무늬를 장식에 도입한 것이 이 양식의 특징이었다.

상수시 궁전은 착공 5년 만인 1750년에 완공되었다. 프리드리히 2세는 완공된 상수시 궁전 중앙 정원에 고대 그리스의 동성애를 묘사한 조각들을 설치했고, 소년들의 누드 조각상도 많이 배치했다.

이때부터 프리드리히 2세는 베를린 궁전보다는 별궁인 상수시 궁전에서 머무르는 경우가 많았다. 매년 4월부터 10월까지 상수시 궁전에 머물렀다. 물론 외국과의 전쟁이 벌어지는 특수한 상황에서는 베를린에 머물렀다.

프리드리히 2세는 베를린의 고위 관료들을 부부 동반으로 상수시 궁전의 일요일 정례 오찬에 초대했지만, 왕비 엘리자베트 크리스티네는 초청 대상에서 항상 배제했다. 상수시 궁전의 오찬은 일요일뿐만 아니라 평일에도 개최되었고, 적게는 7코스, 많게는 12코스나 되었다. 평일에 개최된 오찬에는 종종 여성들이 배제되었는데, 여기에도 프리드리히 2세의 동성애 성향이 드러난다고 하겠다.

일반적으로 정례 오찬의 참석자는 열두 명 정도였다. 이 자리에서는 자기 접시에 놓인 음식을 모두 먹어치워서는 안 되고, 요리가 놓여 있는 식탁으로 가서 음식들을 직접 담아 오거나 시식하는 것 또한 결례로 간주되었다.

프리드리히 2세의 정례 오찬은 그가 급격히 노쇠하게 된 1785년에 중단되었고 다음 해인 1786년 완전히 사라졌다. 왕실 조리 전담팀이 제출한 메뉴판과 그것을 수정한 프리드리히 2세의 메뉴판은 일부를 제외하고 프랑스어로 작성되었는데 이것은 당시 왕실 및 귀족 사회에서 프랑스어가 매우 선호되었다는 증거이기도 하다.

프리드리히 2세는 1769년 상수시 궁전 근처에 궁전을 또 하나 지었다. 이 궁전을 노이에스 팔레(Neues Palais)라 하는데, 말 그대로 신궁전이라는 뜻이다. 프리드리히 2세는 건축을 통해 국가의 추상적 권위까지 높이려 했고 노이에스 팔레를 건축한 것도 그러한 취지에서 비롯된 것 같다. 노이에스 팔레는 제3차 오스트리아 왕위계승전쟁(1756~1763)에서 승리한 기념과 프로이센을 잘 통치했다는 자부심에서 건설되었기 때문에 상수시 궁전보다 더 크고 화려하게 꾸며졌다.

이 궁전은 길이가 무려 220미터, 가장 높은 곳은 지면으로부터 55미터나 되었고 220개의 벽기둥, 312개의 유리창, 그리고 468개의 조각품으로 장식되었다. 내부를 살펴보면 200여 개의 잘 장식된 공간과 638개

의 방이 있었다. 창문과 거대한 벽기둥이 교대로 설치되어 단조로움이 느껴지지 않도록 설계되어 있다. 내부는 상수시 궁전과 마찬가지로 로코코 양식으로 장식되었지만, 외부는 화려한 바로크 양식을 채택했다.

바로크 양식은 비뚤어진 모양을 한 기묘한 진주를 뜻하는 포르투갈어 '바로코(barroco)'에서 나왔다. 진주는 아름다운 보석이지만 형상이 왜곡되면 아름다움은 크게 반감된다. 그래서 바로크라는 표현에는 불규칙한, 그로테스크한, 무절제한, 혼란스러운 등의 뜻이 담겨 있다. 바로크 양식은 르네상스 양식의 뒤를 이어 16세기 말부터 17세기 초에 로마, 베네치아, 피렌체 등지에서 시작되어 전 유럽으로 퍼져나갔다. 당시의 예술가들은 바로크 양식이라고 하지 않고 고전주의 양식이라고 했다. 기둥, 박공, 처마 언저리의 쇠시리에 고대의 건축양식을 많이 사용했기 때문이다. 바로크 양식은 과장된 움직임, 화려한 장식, 극적인 효과, 긴장감, 화려함 등을 특징으로 한다. 역사적으로 볼 때, 바로크 양식은 프로테스탄트 종교개혁에 대응한 로마 가톨릭교회의 개혁에서 비롯되었다.

2
영광의 상징, 쇤브룬 궁전

1748년 이후 꾸준하게 국정 개혁을 추진한 결과 오스트리아의 경제는 점차 안정을 찾아갔다. 국가 재정이 크게 호전되자 마리아 테레지아 즉위 초 문제 때문에 짊어지게 된 채무도 격감했다. 실제로 국고 수입은 예상보다 크게 늘어났고 이로 인해 국가 재정이 튼튼해진 것이다.

이 과정에서 마리아 테레지아의 남편이며 신성로마제국 황제인 프란츠 1세의 역할도 컸다. 그는 군 지휘관으로서의 자질도 부족하고 정치적 역량도 충분치 못했지만, 재정 및 축재에서는 남다른 재능을 발휘했다. 그는 토스카나 대공국으로부터 자금을 끌어와 7년전쟁 기간 중 오스트리아가 발행한 국채를 사들였고, 벨기에 및 영국의 기업에도 투자하여 물자 공급을 독점했다. 그리하여 오스트리아군의 무기, 말, 근무복 조달을 독점했을 뿐만 아니라 마리아 테레지아의 숙적이며 그녀가 악의 축으로 간주한 프리드리히 2세의 군대에도 몇 차례에 걸쳐 비상식량, 사료, 밀가루 등을 고가로 공급하여 막대한 이익을 챙겼다. 이에 앞서 프란츠 1세는 재정 고갈 상태였던 토스카나 대공국을 짧은 시간에 이탈리아 최고의 경제 부국으로 변신시켰고 이 대공국을 아들 레오폴트에게 넘겨주었다. 빈이 유럽의 중요한 금융 중심지로 등장하게 된 것도 프란츠 1세 덕분이었다.

국가 재정이 어느 정도 안정을 찾게 됨에 따라 마리아 테레지아 역시 다른 군주들과 마찬가지로 왕궁 건축에 관심을 보이기 시작했다. 국가를 상징하는 인물과 그의 가족들이 거주할 궁전이 필요하다고 생각한 것이다. 일국의 통치자는 가장 장엄하고 거대한 궁전에 거주해야 하며, 그 어떠한 권력자의 거처도 규모와 부, 장식에서 국왕의 궁전을 능가할 수 없다는 것이 마리아 테레지아의 생각이었다. 그리하여 탄생한 것이 바로 쇤브룬(Schönbrunn) 궁전이었다.

독일어로 '아름다운 샘'이라는 뜻인 쇤브룬 궁전은 원래 16세기 중반 막시밀리안 2세(Maximillian II, 1564~1576)의 사냥터에 있던 궁전이었으나 1683년 오스만튀르크의 빈 침공 때 파괴되었다. 이후 마리아 테레지아의 조부 레오폴트 1세는 쇤브룬에 대궁전을 세우려고 했는데, 이것은 태양왕 루이 14세가 건축한 베르사유 궁전에 자극받았기 때문이다.

레오폴트 1세는 신성로마제국 황제의 위상이 프랑스 국왕보다 높으므로 그것에 적합한 신궁전을 세워야 한다고 생각하고 쇤브룬 궁전을 베르사유 궁전보다 더 웅장하고 크게 지으려 했다. 설계는 당시 유명한 건축가인 에어라흐(Johann Bernhardt Fischer v. Erlach)에게 맡겨졌다. 에어라흐가 설계한 궁전은 1695년부터 공사가 시작되었는데, 설계도에 따르면 신궁전은 길이 175미터 규모였다. 그러나 레오폴트 1세는 에스파냐 왕위계승전쟁에 참전하느라 궁전 건축에 필요한 재원이 없었다. 건축은 계속 유보되다가 그의 아들인 요제프 1세 때 다시 추진되었지만, 요제

프 1세가 1711년 서거하면서 중단되었다.

카를 6세에 이르러 궁전의 대대적 개축 내지는 신축해야 할 필요성이 다시 제기되었다. 마리아 테레지아는 카를 6세로부터 선물받은 쇤브룬 궁전을 개축하기로 결심하고 포르투갈 출신의 유대인 은행가로부터 자금을 빌려 본격적으로 궁전 개축에 나섰다. 여기서 그녀는 에어라흐가 설계한 대로 궁전을 세우지 못하는 것을 아쉬워하면서, 재정에 큰 부담을 주지 않는 선에서 쇤브룬 궁전을 보수하고 증축하기로 했다.

이후 진행된 궁전의 보수 및 증축은 로트링겐 출신 건축가 파카시(Nikolaus v. Pacassi)의 설계를 토대로 진행되었다. 우아하면서도 소박한 바로크 양식으로 변형된 쇤브룬 궁전의 내부는 마리아 테레지아의 취향에 따라 인도풍 장식과 나전칠기와 카펫 등으로 꾸며졌다. 외관은 베르사유 궁전과 비슷했다.

공사 중 마리아 테레지아는 시간이 허락하는 한 자주 현장을 방문하여 진행 상황을 살피며 그때그때 필요한 지시를 내렸다. 별도로 프란츠 1세는 정원 조경에 관심을 보이며 동물원과 식물원을 추가로 만들게 했다. 이렇게 증축된 쇤브룬 궁전은 1,441개의 방, 390개의 홀, 그리고 149개의 부엌이 있을 정도로 규모가 방대해졌다.

1749년에 완공된 쇤브룬 궁전은 그 자체가 하나의 정치적 상징으로 간주되어 매일 수천 명 이상의 인물들이 방문하고 머물렀다. 궁정사회의 원심력이자 궁정 예식의 유일한 동력이었던 여왕이 쇤브룬 궁전을 주도했다. 프랑스의 베르사유 궁전과 마찬가지로 쇤브룬에서의 궁중 생활 질서는 일종의 규범으로 자리 잡았고, 이것은 점차 마리아 테레지아의 지배와 권력을 위한 강력한 정치적 도구로 활용되기 시작했다.

쇤브룬 궁전은 신성로마제국이 역사의 뒤안길로 사라지는 1806년까지 오스트리아의 통치자 겸 신성로마제국 황제의 여름 거주지로 사용되었다. 그리고 1806년 오스트리아 제국이 탄생한 이후부터 이 제국이 멸망한 1918년까지 쇤브룬 궁전은 주궁의 역할을 충실히 수행했다.

독특한 출산과 장례 의식

합스부르크 가문과 호엔촐레른 가문에서는 출산과 사망 의식에서도 특이하고 흥미로운 전통이 확인된다. 호엔촐레른 가문의 통치자나 그 후계자가 아이를 낳으면 고위 관료들이 출생 과정을 지켜보는 전통이 있었다. 합스부르크 가문에서는 그 정도까지는 아니었지만 산실 밖에 황족과 고위 관료들이 모여들어 후계자의 탄생을 축하하는 예식은 있었다. 합스부르크 가문은 생을 마감한 통치자의 장례에서 시신 분리 매장이라는 특이한 전통을 고수했다. 이는 시신 일부를 영생시켜야 한다는 고집, 즉 신으로부터 특별히 부여받은 신체 일부를 반드시 존속시켜야 한다는 특권의식에서 비롯된 것 같다.

1
출산 과정의 공개
빌헬름 2세의 출생

베를린의 왕세자궁에서 왕위 계승권을 가진 인물이 태어날 때, 관례 상 고위 관리들이 그 출생 과정을 지켜보았다.* 프로이센에서 이러한 출산 과정의 공개화가 가문의 전통으로 자리 잡고 있었음에도 불구하고 그 과정을 구체적으로 기록해놓은 문헌은 매우 적다. 여기서는 문서로 남은 프리드리히 3세(Friedrich III, 재위 1888~1888)의 장남 빌헬름이 1859년 1월 27일 황태자궁에서 태어나는 과정을 살펴보기로 한다.

황태손의 탄생은 순탄치 않았다. 아기가 몇 시간 동안이나 자궁을 빠져나오지 못했다. 베를린 샤리테 병원 산부인과 과장 마르틴(Eduard Arnold Martin) 박사는 최후의 방법을 사용하기로 했다. 새로운 마취제 클로로폼

---

* 왕비의 산실을 공개하는 것은 독일 제국뿐만 아니라 프랑스에서도 시행되었다. 루이 16세의 부인 마리 앙투아네트도 1778년 4월 수백 명의 사람이 지켜보는 가운데 첫딸을 낳았다. 진통으로 인한 고통과 많은 사람이 지켜본다는 수치심과 당혹감으로 마리 앙투아네트는 분만 도중에 실신하기도 했다.

까지 동원되었다. 그는 태중 아기의 머리를 자궁 내로 돌리고, 엉덩이와 배를 앞으로 당겨 둔위 분만을 시도했다. 탯줄의 맥박이 거의 감지되지 않아 더욱 서둘러야 했다. 신속하게 진행된 응급 분만(제왕절개는 종종 산모의 사망으로 이어졌는데, 이 경우에는 전혀 문제가 되지 않음)의 결과, 아기가 태어나긴 했는데 숨을 쉬지 않는 위기에 처했다. 의료진 모두가 당황하여 어쩔 줄 모르는 상황에서 경험 많은 조산사가 수첩과 젖은 수건으로 아기를 찰싹 때리자 그제야 아기가 숨을 쉬며 울음을 터뜨렸다.

이렇게 간신히 목숨을 건진 빌헬름에게서 왼팔 위쪽 신경이 마비되는 증세가 나타났다. 며칠 후 마르틴 박사는 신생아가 왼팔을 움직이지 못한다는 것을 확인했고, 사경(斜頸) 증상이 있다고 판정했다. 사경은 태어날 때 아기의 목빗근이 손상되어 생기는 경우가 많다. 엉덩이가 먼저 나오는 둔위 분만 과정에서 두 갈래 목빗근 중 하나가 손상되고, 회복되는 과정에서 그쪽 근육이 짧아지면서 머리가 기울어지는 것이다.

황태자비 빅토리아(영국 빅토리아 여왕의 딸)는 처음엔 아기가 구사일생으로 살아난 걸 기뻐하며 마르틴 박사의 탁월한 의술에 찬사를 보내고 귀중한 반지로 보답했지만, 빌헬름의 왼팔에 목에 장애가 생기고부터는 마르틴 박사를 증오하게 되었다.

황실에서는 빌헬름의 장애를 치료하기 위해 수단 방법을 가리지 않았다. 갓 도살한 토끼 내장을 담은 통에 아픈 팔을 담그기도 하고, 팔에 전기 충격기를 가져다 대기도 했다. 그러나 이러한 치료들은 성공하지 못했다.

그러나 빌헬름은 별 탈 없이 성장했다. 즉위한 지 석 달 만에 사망한 아버지 프리드리히 3세에 이어 독일제국 황제 빌헬름 2세로 즉위했고,

자신과 같은 이름의 장남 빌헬름을 비롯하여 모두 일곱 명의 자녀를 두었다. 호엔촐레른 가문의 전통을 이어 나간다는 취지에서 그 아이들이 태어나는 과정도 공개했다.

빌헬름 2세는 외모에 까다로울 정도로 신경 썼다. 제복을 비롯한 각종 의상을 행사에 맞춰 자주 갈아입었으며, 콧수염을 길러서 왁스를 발라 빳빳한 형태가 유지되게끔 했다. 이렇게 외모에 신경을 쓴 것은 아마도 신체적 결함을 감추기 위해서였던 것 같다. 오른손보다 짧은 왼손을 평생 바지 주머니에서 좀처럼 꺼내려 하지 않았던 것도 신체적 콤플렉스 때문인 듯했다. 빌헬름 2세는 국가 공식 행사에 참석할 때마다 항상 근엄하고 진지한 분위기를 연출했다.

외모에 대한 집착은 황후에게까지 적용되었다. 그는 슐레스비히-홀슈타인-존더부르크-아우구스텐부르크(Schleswig-Holstein-Sonderburg-Augustenburg) 공국의 공녀였던 아우구스테 빅토리아(Auguste Viktoria) 황후를 위해 의상과 보석, 모자 등을 디자인해주었을 뿐만 아니라 다이어트와 약물, 코르셋 착용 등의 방법으로 황후가 날씬한 허리를 유지하게끔 했다.

2

시신의 일부라도 영원히

매장 전 시신 분리 의식

프란츠 1세의 급사

마리아 테레지아의 아들 레오폴트의 결혼식이 1765년 8월 5일 인스부르크의 파르키르헤 장크트 야코프(Pfarrkirche Sankt Jakob)에서 거행되었다. 그런데 설사병이 악화되어 장염으로 진행된 상태에서 레오폴트는 제단 앞에 똑바로 서지 못할 정도로 고통스러워했고 이어진 만찬에서도 음식을 거의 먹지 못했다. 이러한 속사정을 알지 못한 도시의 곳곳에서는 축하 행사가 계속 펼쳐졌다. 비가 내려 불꽃 축제만 취소되었다.

마리아 테레지아와 함께 아들의 결혼식에 참석하기 위해 인스부르크에 온 프란츠 1세는 8월 18일 일요일 아침, 전날 밤 가슴이 답답하고 갑작스럽게 열이 나서 잠을 설쳤다고 말했다. 마리아 테레지아는 사혈을 해보라고 권유했지만 프란츠 1세는 거절했다. 사혈은 치료 목적으로 환자의 피를 뽑는 것인데, 보통 팔꿈치 정맥에 주사기를 찔러 넣어 200~500cc 정도의 피를 뽑는다. 심장에 무리가 갈 때 응급 처치 효과가 있다. 마리아 테레지아 는 협심증을 앓고 있던 남편이 계단이 너무 많 은 인스부르크에서 왕 성과 극장 사이를 오가 는 게 건강이 좋지 않 을 거라고 우려했다.

프란츠 1세

점심시간에 프란츠 1세는 평상시처럼 주 변 사람들과 대화를 나 누었고, 저녁에는 극 장에 가서 골도니(Carlo Goldoni) 작품과 글루크(Christoph Willibald Gluck)의 발 레를 관람했다. 여기서 프란츠 1세는 평소처럼 망원경을 써서 관람석에 앉아 있던 여성들을 좀 더 자세히 보려고 했다.

프란츠 1세는 여자를 좋아했다. 콜로레도(Colloredo) 백작 부인, 후에 사르데냐 대사 카날레 백작과 결혼한 여왕의 시녀 팔피 백작 부인을 비 롯한 많은 여성에게 주저하지 않고 애정을 표시했고, 호감을 가진 여성 들과 함께 만찬이나 파티를 은밀하게 개최하기도 했다. 마리아 테레지 아는 남편이 여성들의 환심을 사는 행동을 하려 할 때마다 경고성 발언 으로 그를 통제했다. 프란츠 1세는 어떤 종류의 모욕도 절대 잊지 않는 여왕이 혹시 복수라도 할까 봐 자신이 누구에게 관심을 보이는지 되도 록 드러내려 하지 않았다. 마리아 테레지아는 남편이 관심을 가진 여성 을 결국 사랑하게 된다는 것도 잘 알고 있었기 때문에 사방에서 그를 감시하도록 했다.

남편에 대한 불신과 질투심으로 마리아 테레지아는 1748년 '순결위원회'도 발족시켰다. 이 위원회의 과제는 미혼 남녀 사이의 불순한 관계를 고발받고 강력히 처벌하는 것이었다. 처벌 방식으로는 면직, 추방, 지하 감옥 감금, 수도원 억류 등이 있었다. 순결위원회는 공공장소에서 남녀관계를 확인하고, 마차와 개인주택을 강제로 수색하는 권한까지 부여받았다. 아울러 마리아 테레지아는 극장 관객들이 가면을 쓰는 것을 불허했고 그것을 감시하기 위해 극장에 군인들까지 상주시켰다. 그러나 이러한 위원회는 빈과 같은 개방적 도시에서 제대로 작동할 리가 없었고 외국은 물론 국내에서도 비웃음을 받다가 결국 소리 없이 사라졌다.

마리아 테레지아의 지속적인 감시에도 불구하고 프란츠 1세는 계속하여 아름다운 여성들이 있는 사교계를 출입했다. 마리아 테레지아의 반대로 국가 경영에 참여하지 못하는 불만을 그렇게 해소했던 것 같다.

이미 마흔여덟 살이 된 마리아 테레지아는 연극에 그다지 흥미를 느끼지 않았기 때문에 그날 밤 일찍 잠자리에 들었다. 연극과 발레 공연이 끝난 후 프란츠 1세는 요제프와 대신들과 함께 긴 복도를 지나 침실로 가면서 밤 인사를 했다. 그러다 하인 방 앞에서 갑자기 비틀대며 머리를 문에 기댔다. 그걸 본 요제프가 걱정되어 달려갔다. 불편한 곳이 있느냐고 묻자 황제는 단지 가슴이 옥죄는 느낌이 들 뿐 별것이 아니라고 했다. 그러나 다시 몇 발짝을 걷던 황제는 비틀거렸고, 요제프의 팔에서 쓰러졌다. 의사와 고해신부가 달려왔지만, 황제는 심장발작으로 이미 숨을 거둔 상태였다. 살아 있을 때부터 가능한 한 분쟁을 피해 왔던 황제는 죽음도 아무런 고통 없이 순식간에 맞이했다.

요제프는 즉시 어머니에게 황제의 죽음을 알렸다. 갑작스러운 남편의 사망에 마리아 테레지아는 큰 충격을 받았고 일시적으로 정신을 잃었다. 사혈 처치를 받아 겨우 깨어난 여왕은 밤새도록 경련을 일으키며 슬피 울었다. 마리아 테레지아는 그렇게 급작스러운 죽음은 올바른 죽음이 아니라고 생각했다. 기독교 신자는 영성체와 종부성사를 받아야만 천국으로 갈 수 있는데, 그러한 의식 없이 죽음을 맞이한 남편은 악마들로부터 저주를 받아 그들의 손아귀에서 벗어날 수 없게 되었다고 두려워했다.

마리아 테레지아의 뜻에 따라 프란츠 1세의 장례식은 합스부르크 가문의 전통 장례 절차에 따라 진행되었다. 그것이 바로 시신 분리 매장이다. 장기를 적출하여 따로 보존하고 관에는 시신만 안치하는 것이다.

8월 20일 프란츠 1세의 시신에서 부패하기 쉬운 장기들을 끄집어낸 후 빈 곳은 밀랍으로 채워졌다. 시신의 표면에는 소독약을 발랐다. 시신에서 끄집어낸 혀, 심장, 내장, 눈, 뇌 같은 장기들은 에틸알코올에 담갔다가 저장 용기에 바로 옮겨 납땜질을 하고, 나중에 은병에 담겼다. 시신 분리 예식에 참여한 크벤휠러(Khevenhuller)는 더운 날씨 때문에 프란츠 1세의 시신이 예상보다 빨리 부패했고 그래서 심한 악취 속에서 작업을 해야만 했다고 술회했다.

합스부르크 가문 출범 초기에도 유사한 시신 분리 매장이 시행되었는데 그때는 절차가 무지하고 매우 단순했다. 1365년 오스트리아 대공국 지위를 부여받기 위해 문서를 조작한 루돌프 4세가 25세의 젊은 나이로 사망하자, 사람들은 그의 시신을 끓는 물에 넣어 살점을 분리한 후

뼈를 모아 성 스테판 성당 지하실에 안치했다.

마리아 테레지아는 시신 분리 예식에 참석하지 않았다. 사랑하는 남편의 시신이 훼손되는 것을 실제로 볼 수 없었기 때문이다. 마리아 테레지아는 부친 카를 6세가 서거한 후 진행된 시신 분리 예식에도 참여하지 못했는데 그것은 당시 그녀가 임신 상태였기 때문이다.

분리 절차가 끝난 프란츠 1세의 시신은 8월 21일부터 3일간 인스부르크성 중앙 홀에 마련된 관대에 안치되었다. 시신 분리 작업을 하느라 훼손된 얼굴은 수건으로 가려졌고, 길게 늘어뜨린 가발이 씌워졌다. 검정 외투를 입은 프란츠 1세의 양손에는 합스부르크 가문의 십자가와 묵주가 끼워졌다. 시신 주변에 마련된 방석들에는 신성로마제국 황제의 관, 로트링겐 대공국의 왕관, 그리고 토스카나 대공국의 옥새와 오스트리아 대공의 모자가 놓였다. 그리고 시신의 왼쪽 발목 옆에는 시신에서 끄집어낸 심장과 혀, 창자, 눈, 뇌를 담은 두 개의 항아리가 놓였다.

프란츠 1세의 시신은 배로 인(Inn)강과 도나우강을 거슬러 빈에 운반되어, 8월 31일 합스부르크 가문의 영묘인 카푸치너(Kapuziner) 교회 지하 납골실에 안치됐다. 심장은 아우구스티너키르헤의 로레토 예배당(Loreto-kapelle) 심장 묘지에, 창자는 성 슈테판 성당에 안치되었다.

남편을 잃은 후 마리아 테레지아의 건강도 급속히 나빠졌다. 걷거나 돌아서거나 하면 바로 숨이 가빠졌다. 기억력도 흐려져서 심지어 관료들에게 내린 명령조차 기억하지 못하는 경우가 많아졌고, 청각 장애 역시 매우 우려할 상황이었다.

어느 정도 충격이 가라앉은 후 마리아 테레지아는 "나는 이제 행복한 시절과 고별하려고 한다"라고 하면서 긴 머리칼을 잘랐고, 화려한 옷과

상복을 입은
마리아 테레지아

보석은 모두 딸과 시녀들에게 나누어주었다. 자신은 죽을 때까지 오직 검은색 모자에 검은색 옷만 입고 살았다.

마리아 테레지아의 최후

프란츠 1세가 사망한 지 15년이 지난 1780년 11월 28일 오전 2시, 마리아 테레지아를 위한 마지막 종부성사가 진행되었다.

합스부르크 가문의 통치자가 임종할 징후를 보이면 황궁에는 황실 가족뿐만 아니라 고위 궁정 관리들도 모인다. 이들은 황제가 마지막 숨을 거둘 방에 모여 기도하고, 방에서는 황궁 성직자가 로마가톨릭 예식에 따라 종부성사를 진행한다. 오스트리아 전역의 성당에서는 참회 기도를 위해 타종한다.

황제가 임종 직전 하는 말은 정확하게 기록해서 문서로 보관한다(때에 따라 내용 일부가 변경되기도 한다). 마리아 테레지아의 부친 카를 6세 역시 이러한 절차에 따라 죽음을 맞이했다. 죽기 직전 자신의 병명을 정확히 파악하지 못하는 의사들에게 그는 "내가 죽거든 시신을 해부하여 사인이 무엇인가를 확인해야 할 것"이라고 명령했다. "내게 사인을 알려주려면 종부성사에 참석한 이들 중 하나가 내 뒤를 따라와야겠군." 이렇게 무미건조한 농담을 하기도 했다. 시신 분리 과정에서 밝혀진 카를 6세의 사인은 급성 간경화증이었다.

부친과는 달리 마리아 테레지아는 임종 직전 측근들에게 별다른 말을 남기지 않았다. 마지막 종부성사 이후 슬픔으로 말조차 잃은 장남 요제프 2세가 가장 오랫동안 마리아 테레지아 곁을 지켰다.

다음 날인 11월 29일 새벽 5시, 여왕은 평소처럼 가장 즐기던 라테를 요제프 2세와 같이 마셨고 자녀들을 한 사람 한 사람씩 불러 대화를 나누었다. 특히 요제프 2세에게는 신민의 복지와 빈민에 대한 지원 및 배려에 신경 쓰라고 충고했다. 밤이 되면서 마리아 테레지아는 다시금 심한 경련과 발작에 시달렸다. 주치의가 약을 권했지만, 그녀는 거부했다. 주치의는 짧게라도 자야 한다고 했지만 그것 역시 받아들이지 않았다.

마리아 테레지아가 인생을 마무리하기 직전 비가 내렸다. 그녀는 요제프 2세에게 말했다. "이렇게 나쁜 날씨에도 불구하고 긴 여행을 해야만 하는구나." 오후 8시 55분, 마리아 테레지아는 아들 요제프 2세의 팔에 안겨 서너 번 가쁘게 숨을 몰아쉬고는 세상을 떠났다.

전통에 따라 마리아 테레지아의 시신에서 심장, 혀, 눈, 뇌, 그리고 창자가 적출되었다. 그 과정을 지켜보던 딸 마리아 안나는 "어머니의 신체를 열었을 때 폐는 매우 단단히 굳은 상태였다. 오른쪽 폐는 전혀 기능을 발휘하지 못한 것 같았다. 양쪽 폐에서 마치 돌처럼 딱딱한 종양 서너 개가 발견되었다."라고 증언했다. 이를 통해 마리아 테레지아의 사인이 폐암이었음이 밝혀졌다.

서거 5일 후인 12월 4일 성직자 스타일의 간소한 수의에 싸인 마리아 테레지아의 시신은 호프부르크 황궁 근처 카푸치너 교회 지하 합스부르크 가문 영묘에 준비되어 있던 큰 관으로 옮겨졌다. 1633년부터 사용된 합스부르크 가문 영묘에는 합스부르크 가문의 황제와 황후, 그리고 그들의 자녀 150명이 잠들어 있다. 바로크와 로코코 시대의 군주답게 화려한 문양으로 장식된 마리아 테레지아의 관은 평생 사랑했던 남편 프란츠 1세의 관 옆으로 옮겨져 나란히 놓이게 되었다. 그녀의 심장과 창자 역시 아우구스티너키르헤의 로레토 예배당 심장 묘지와 성 슈테판 성당에 안치되었다.

시신이 분리되지 않은 조피 프리데리케 대공비

1870년대 초 포름알데히드를 이용한 시신 보존 방식이 도입됨에 따라 합스부르크 가문에서도 더는 시체에서 장기를 적출할 필요가 없게 되었다. 새로운 장례 방식이 최초로 적용된 인물은 조피 프리데리케 대공비였다. 브루크테아터(Burgtheater)를 방문한 후 심한 폐렴에 걸려 1872년 5월 28일에 사망한 대공비는 시신 분리 작업 없이 카푸치너 교회 지하 합스부르크 가문 역대 영묘에 안치되었다.

오늘날에도 유럽의 5월 날씨는 쌀쌀하지만, 난방을 거의 하지 않기 때문에 감기에 걸리는 경우가 많다. 조피 프리데리케 대공비도 쌀쌀한 날씨에 난방이 안 된 극장에 갔다가 감기에 걸렸고 폐렴으로 악화되었다. 당시엔 마이신과 같은 항생제가 개발되지 않았기 때문에 폐렴의 치사율은 70%가 넘었다.

옛 방식으로 매장된 합스부르크 가문 사람들

조피 프리데리케 대공비와는 달리 그녀의 아들 프란츠 요제프 1세와 그 후계자인 카를 1세(Karl I, 재위 1916~1918)가 사망했을 때는 이전처럼 시신 분리 매장 절차에 따라 안장되었다.

합스부르크 가문의 마지막 군주인 카를 1세는 1918년 11월 퇴위한 뒤 1919년 4월 3일 제정된 반(反)합스부르크법 시행에 앞서(합스부르크 가문의 남자가 왕족의 신분을 버리고 평민이 되지 않는 한 오스트리아에서 영원히 추방한다는 법률) 오스트리아를 떠나 스위스에 머물렀다. 그러던 중 헝가리에 왕정이 복고되자, 그가 헝가리에 가면 진정한 왕을 위해 헝가리인들이 봉기할 거라는 측근들의 감언이설에 속아 1921년 10월 20일 헝가리로 갔다가

합스부르크 가문의 마지막 황제인 카를 1세와 황후 지타, 그리고 황태자 오토

체포되고 말았다. 이후 그는 티허니(Tihony) 수도원에 감금되었다가, 11월 1일 부인 지타(Zita die Borbone-Parma)와 함께 도나우 항로를 거쳐 흑해로 이송되고, 영국 해군이 제공한 순양함 편으로 11월 19일 최종 망명지인 포르투갈의 마데이라 제도(Região Autónoma da Madeira)로 유배되었다. 이는 당시 영국과 프랑스가 주도한 연합국측이 카를 1세를 유럽 평화 정착을 위협하는 인물로 간주했기 때문이다. 북대서양에 있는 포르투갈령 섬

들로 구성된 마데이라 제도가 최종 유배지로 결정된 것은 당시 유럽 국가 중에서 포르투갈만이 카를 1세 부부에게 망명을 허용했기 때문이다.

정신적·육체적으로 쇠약한 상태로 유배 생활을 하던 카를 1세는 1922년 4월 1일 폐렴으로 생을 마감했다. 당시 그의 나이는 35세에 불과했다. 마지막 순간을 지키던 지타에게 카를 1세가 말했다. "나는 당신을 정말로 사랑했소." 카를 1세는 마데이라에 매장되었지만, 심장은 적출되어 스위스 아르가우 무리 대수도원에 안치되었다. 유해 역시 1970년 마데이라에서 무리 대수도원 부속교회로 이장되었다.

합스부르크 가문의 오랜 전통인 시신 분리 매장 방식은 오스트리아-헝가리제국이 멸망한 이후 시행되지 않았는데 두 차례 예외가 있었다. 오스트리아-헝가리제국의 마지막 황후이며 카를 1세보다 67년을 더 산 미망인 지타는 1989년 3월 14일 사망했다. 시신 분리 매장 방식에 따라 그녀의 시신은 빈의 카푸치너 교회 지하 합스부르크 가문 역대 영묘에 안치되었고, 심장과 창자는 아우구스티너키르헤의 로레토 예배당 심장 묘지와 성슈테판 성당에 안치되었다. 무리 대수도원에 안치되었던 카를 1세의 심장은 이미 아우구스티너키르헤의 로레토 예배당 심장 묘지로 옮겨져 있었기에, 지타의 심장은 남편 카를 1세의 심장과 같이 나란히 봉안되었다.

지타에 의해 오스트리아-헝가리 제국의 후계자로 지명되어 교육을 받았으나 황제가 되지 못한 장남 오토는 2011년 생을 마감했다. 그는 오스트리아-헝가리제국의 전 황태자로서, 그리고 헝가리와 보헤미아, 달마티아, 크로아티아, 슬라보니아, 갈리치아, 일리리아의 왕세자로서, 또한 토스카나와 크라쿠프의 대공으로서 빈의 카푸치너 교회 지하 합스부르크 가문 역대 영묘에 안치되었다. 다만, 그가 옛 오스트리아–헝가리제국의 양쪽 모두에 헌신했다는 이유로, 심장은 부다페스트에서 130킬로미터 떨어진 파논하르마(Pannonhalma)의 베네딕토회 수도회에 따로 안치되었다.

마무리하면서

　오늘날 유럽 곳곳에서는 화려한 궁전과 성이 관광 상품으로 각광받고 있다. 그 지역을 다스렸던 왕이나 대공의 위상을 높이기 위해 지어진 건물이다. 통치자들은 국가 재정만 허용된다면 왕궁이나 황궁을 새로 지어 그들의 위상을 과시하려 했다. 합스부르크의 마리아 테레지아는 쇤브룬 궁전을, 호엔촐레른의 프리드리히 2세는 상수시 궁전을 건축했다. 현재 우리나라에서도 지방자치단체장들이 재정적 상황을 고려하지 않고 많은 사업비가 들어가는 공항 건설, 도로 건설, 청사 건설 등을 추진하고 있는데, 이 역시 단체장들의 실적을 부각하려는 의도에서 비롯된 것이라 하겠다.

　유럽의 대표적 통치 가문으로 프로이센의 호엔촐레른 가문과 오스트리아의 합스부르크 가문이 꼽힌다. 프로이센과 오스트리아의 국력이 강해질수록 가문의 독특한 전통이 두드러지게 나타났다. 이것은 국가 위상 증대와 가문적 특성을 연계하려는 통치자의 강한 의지에서 비롯된 것이라 하겠다. 오늘날 사회에서 적지 않은 영향력을 행사하는 인물이나 단체들도 고유의 특징이나 전통을 부각시킴으로써 그들의 사적 영향력을 증대시키려 한다. 그러한 과정에서 부작용이 발생하면 오히려 손가락질의 대상이 된다는 것을 명심해야 할 것이다.

호엔촐레른 가문과 합스부르크 가문에서 확인한 흥미로운 전통 중에서 가장 먼저 언급되는 것은 후계자, 즉 아들을 얻기 위해 수단 방법을 가리지 않는다는 것이다. 도덕성은 문제가 되지 않았다. 이는 남자 상속인 없이 사망한다면, 왕위 계승 및 국가 존속에 심각한 문제가 생길 수 있음을 너무도 잘 알았기 때문이다.

아들을 얻기 위해서라면 근친혼도 강행했다. 그 결과 합스부르크 가문의 후손 대부분은 근친혼에서 비롯된 유전병으로 아랫입술과 턱이 길게 돌출되는 기형적 외모를 가지게 되었다. 이로 인해 수명이 단축되는 경우도 있었고, 통치 능력을 갖추지 못한 상태에서 즉위한 군주로 인해 국가적 위기 상황까지도 초래되었다. 그런데도 합스부르크 가문은 제1차 세계대전 이전까지 근친혼을 포기하지 않았다.

호엔촐레른 가문에서도 근친혼이 보편적이었지만, 하악전돌증과 같은 유전병은 확인되지 않았다. 왜 합스부르크 가문에서만 근친혼으로 인한 유전병이 나타나는지에 관한 연구는 본격적으로 이루어지지 못하고 있다.

두 가문의 또 다른 흥미로운 전통은, 현 집권자와 후계자 사이의 관계가 원만하지 않고 불화가 잦다는 것이다. 물론 왕과 그 아들 사이의 불화는 당시 영국, 프랑스, 그리고 에스파냐 등 다른 국가에서도 종종 확인되었고 왕정 체제를 도입한 아시아의 여러 국가도 예외는 아니었다. 이는 통치자가 아들을 후계자가 아닌 권력을 두고 다투는 경쟁자로 여겼기 때문이다.

국왕이 후계자, 특히 장남의 결혼에 간섭하면서 국익에 도움이 될 만한 며느리를 간택하는 것은 불문율이었다. 결혼은 연애결혼이 아니라 강제 결혼 방식이었고, 후계자가 반발해도 무시되었다. 반발이 심할수록 강력한 왕권이 행사되었다. 극단적 대립의 와중에 후계자의 목숨이 위험해지기도 했다. 부자간의 불화와 충돌은 합스부르크 가문보다 군국주의적 색채가 강한 호엔촐레른 가문에서 많이 확인된다.

폐쇄된 왕실에서 확인되는 또 하나의 흥미로운 특징은 동성애적 성향이다. 왕실 내에서 은밀히 이루어지던 동성애에 대해 통치자의 반응과 처벌은 비교적 관대했다. 그러나 왕실을 제외한 계층에서 동성애는 중범죄로 다루어졌고, 주로 화형이 선고되었다. 동성애에 대해 이렇게 이중 잣대가 가해진 이유는 국가 통치와 연계시켜 생각할 수 있다. 왕실 이외의 계층에게 동성애를 허용할 경우 현실적으로 인구 감소와 세수 부족 등의 부작용이 일어날 수 있기 때문이다.

막강한 권력을 가지고 거대한 국가를 통치하던 두 가문 통치자들 중에는 자살이나 암살로 생을 마감한 인물이 적지 않다. 오스트리아-헝가리제국의 황태자 루돌프는 자살을 했고, 모후인 엘리자베트 황후는 무정부주의자 루케니의 습격으로 허무하게 생을 끝냈다.

호엔촐레른 가문에서는 왕이나 그 후계자가 아이를 낳으면 고위 관료들이 출생 과정을 지켜보게 하는 가문의 전통이 있었다. 합스부르크 가문에서는 시신 분리 매장이라는 독특한 장례 전통이 있었다. 당시의 열악한 위생시설을 고려한다면 추천할 방식은 아닌 것 같다. 특히 여름에 시신 분리 작업을 하는 것은 엄청난 고역이었을 것이다. 시신 분리 작업에 동원된 사람들의 다수는 건강상의 문제점을 호소했고 정신적 치료까지 받아야 했다. 합스부르크 가문이 고집한 시신 분리 매장은 시신 일부를 영생시켜야 한다는 고집, 즉 신으로부터 특별히 부여받은 신체 일부를 반드시 존속시켜야 한다는 특권의식에서 비롯된 것 같다. 호엔촐레른 가문에서는 그런 방식은 채택하지 않았지만, 매장 전에 사망한 군주의 신체를 철저히 살펴 사인을 밝혔고 그것을 문서로 남겼다.

한 국가를 통치하는 막강한 가문 역시 권력욕, 소유욕, 그리고 평화 추구욕이라는 기본적 속성을 가진 인간으로 구성되어 있다. 국가를 통치하던 가문의 전통 역시 결국 인간의 기본적 속성에 따라 움직인다는 것을, 우리는 합스부르크와 호엔촐레른, 두 가문의 역사에서 확인할 수 있다.

Badinter, E., *Maria Theresia. Die Macht der Frau*, Wien, 2018.

Blanning, T., *Friedrich der Große*, München, 2019.

Bled, J.-P., *Kronprinz Rudolf*, Wien, 2006.

Berglar, P., *Maria Theresia. Mit Selbstzeugnissen und Bilddokumenten*, Reinbek, 2004.

Bringmann, W., *Friedrich der Große. Ein Porträt*, München, 2006.

Corti, E.C., *Vom Kind zum Kaiser*, Graz, 1951.

Dillmann, E., *Maria Theresia*, München, 2000.

Franz, H., *Sissis Schwiegermutter: Sophie v. Bayern*, München, 1994.

Feuerstein-Prasser, K., *Ich bleibe zurück wie eine Gefangene, Elisabeth-Christine und Friedrich der Große*, Regensburg, 2011.

Fraser, D., *Frederick der Great*, Lodon, 2000.

Gerd, H., *Sophie, die heimliche Kaiserin*, Augsburg, 2004.

Größling, S.-M., *Sisi und ihre Familie*, Wien, 2005.

Hamann, B., *Kronprinz Rudolf. Ein Leben*, Wien, 2005.

_____, *Elisabeth. Kaiserin wider Willen*, München, 2005.

_____, *Rudolf Majestät, ich warne Sie...., Geheime und private Schriften*, Wien-Müchen, 1979.

Haslinger, I., *Erzherzogin Sophie. Eine Biografie nach den persönlichen Aufzeichnungen der Mutter Kaiser Josephs*, Salzburg, 2016.

Hellmut, A., *Die Frauen der Habsburger*, München, 1996.

Holler, G., *Sophie, Die heimliche Kaiserin*, Augsburg, 2004.

Jetta, S.C., *Sophie von Österreich. ein Leben für Habsburg*, Mühlacker, 1998.

Kathe, H., *Die Hohenzollernlegende*, Berlin, 1973.

Markus, G., *Krimialfall Mayerling. Leben und Sterben der Mary Vetsera. Mit neuen Gutachten nach dem Grabraub*, Wien-München, 1993.

Matray, M., *Das Attentat. Der Tod Kaiserin Elisabeth und die Tat des Anachisten Lucheni*, München, 1998.

Mitis, O. v., *Das Leben des Kronprinzen Rudolf. Mit Briefen und Schriften aus dessen Nachlass*, Leipzig, 1929.

Neugebauer, W., *Die Hohenzollern*, Stuttgart, 2007.

Novak, R.R., *Das Mayerling-Netz. Verborgene Zusammehänge entdeckt*, Horn-Wien, 2019.

Ohff, H., *Preußens Könige*, München, 2001.

Oster, U.A., *Sein Leben war das traurigste der Welt. Friedrich II. und der Kampf mit seinem Vater*, München, 2011.

Pieper, D., *Die Welt der Habsburger, Glanz und Tragik eines europäischen Herrscherhauses*, München, 2010.

Praschl-Bichler, G., *Kaiser Franz Joseph ganz privat*, Wien, 2005.

Press, V., *Kriege und Krisen. Deutschland 1600-1715*, München,1991.

Reinmüller, H., *Cold Case Mayering. Der Tod von Kronprinz Rudolf und Mary Vetsera. Kriminalpolizeiliche Aufarbeitung des Falles mit Originalquellen*, Berndof, 2021.

Sigrid-Maria, G., *Sisi und ihre Familie*, Wien 2005.

Sigmund, A.M., *Tatort Genfer See: Kaiserin Elisabeth im Fadenkreuz der Anarchisten*, Wien, 2020.

Thiele, J., *Elisabeth. Das Buch ihres Leben*, München-Leipzig, 1996.

Weissensteiner, F., *Lieber Rudolf. Briefe von Kaiser Franz Joseph und Elisabeth an ihren Sohn*, Wien, 1991.

_____, *Die großen Herrscher des Hauses Habsburg. 700 Jahre europäische Geschichte*, München, 2011.

로열패밀리,
그들이 사는 세상